gente

Libro del alumno 1

Autores:
Ernesto Martín Peris
Neus Sans Baulenas

Coordinación editorial y redacción: Olga Juan Lázaro
Corrección: Agustín Garmendia

Diseño y dirección de arte: Ángel Viola
Maquetación: Mariví Arróspide
Ilustraciones: Pere Virgili / Ángel Viola

Fotografías: Miguel Raurich, Jordi Bardajil, Antonio García Márquez, Isabel Codina, Carmen Escudero, Europa Press, Firofoto, Zardoya, Foto Format, Iberdiapo, Agencia EFE, A.G.E. Fotostock.
Infografía: Pere Arriaga / Angels Soler

Textos: © Julio Llamazares, *Escenas de cine mudo*
© 1981, Augusto Monterroso, *El dinosaurio* de *El eclipse y otros cuentos*
© Pablo Neruda, *Oda al tomate* y *Oda a la cebolla* de *Odas elementales*
© El País 20 Años (5 de Mayo de 1996). Adaptación de los textos de: Enrique Chueca, Inmaculada Ruiz, Claudia Larraguibel y Eva Larrauri. Fotografías de Javier Salas.

Material auditivo (casete y transcripciones): Voces: Silvia Alcaide, España / Maribel Álvarez, España / José Antonio Benítez, España / Ana Cadiñanos, España / Fabián Fattore, Argentina / Laura Fernández, Cuba / Montserrat Fernández, España / Paula Lehner, Argentina / Oswaldo López, España / Gema Miralles, España / Pilar Morales, España / Pepe Navarro, España / Félix Ronda, Cuba / Rosa María Rosales, México / Amalia Sancho, España / Clara Segura, España / Carlos Vicente, España / Armand Villén, España.
Música: Juanjo Gutiérrez.
Grabación: Estudios 103, Barcelona.

Agradecimientos:
Armand Mercier, Margarita Tejado, Pascual Esteve Esteve, Silvia Esteve Salvador, Mireia Boadella Esteve, José Alberto Juan Lázaro, Elena Martín Martínez, Carlitos Viola López, Rosa María Rosales Nava, Natalia Rodríguez, Carlos Vicente, Guadalupe Torrejón, Diego, Alberto, Trini García Soriano, Robert Daniels.

Impreso en España por Raro Producciones, Madrid.
Este libro está impreso en papel ecológico.

Depósito Legal: B-23866-1997

DIFUSIÓN

Centro de Investigación y Publicaciones de Idiomas, S.L.

C/Trafalgar, 10, entlo. 1ª - 08010 BARCELONA. Tel. 93 268 03 00 - Fax 93 310 33 40
e-mail: editorial@difusion.com
http://www.difusion.com

gente

Curso comunicativo basado en el enfoque por tareas

Ernesto Martín Peris
Neus Sans Baulenas

Libro del alumno

Los enfoques comunicativos han arraigado con fuerza en la enseñanza del español como lengua extranjera. Prueba de ello es que gran parte de los profesores programan actualmente sus clases a partir de una organización nocio-funcional de los contenidos. Por otra parte, en los últimos años se ha desarrollado una intensa actividad de investigación sobre el aprendizaje de lenguas extranjeras en el aula. Estos estudios arrojan una nueva luz sobre la relación entre actividades de uso de la lengua y procesos de aprendizaje y nos permiten contemplar el aula de E/LE bajo nuevas perspectivas y explotar su potencial comunicativo y discente.

GENTE asume con convicción la orientación comunicativa e integra todas las aportaciones que ésta ha generado, tanto desde el campo de las aplicaciones prácticas como desde el foro de los debates teóricos. El curso que aquí presentamos sigue la trayectoria iniciada por los cursos nocio-funcionales, pero rebasa sus limitaciones, al incorporar en su concepción los procesos de comunicación. En efecto, y como es sabido, los enfoques comunicativos antes mencionados han evolucionado desde el tratamiento de los contenidos necesarios para la comunicación —esto es: nociones, funciones y estructuras lingüísticas— al desarrollo de procesos de comunicación en el aula, como ejes del aprendizaje. El modelo más difundido para la conjunción de contenidos y procesos es el de la enseñanza mediante tareas.

GENTE afronta el reto de plasmar en un manual el enfoque mediante tareas, como medio para generar en el aula actividades significativas, capaces de provocar la activación de procesos de comunicación; como medio, tam-

GENTE...

Ha sido concebido considerando que
▸ el **alumno** llega al aula con un bagaje de experiencias, que constituyen la base sobre la que construye su aprendizaje de E/LE,
▸ el desarrollo de este aprendizaje encuentra su principal motor en la actividad que el alumno desarrolla dentro del **grupo**,
▸ el aula de E/LE es simultáneamente un espacio de **comunicación**, un espacio de **aprendizaje** y un espacio de **reflexión** sobre la lengua, su uso y su aprendizaje.

Potencia un aprendizaje
▸ cuya meta es la capacidad de usar la lengua para comunicarse,
▸ que es gestionado **conjuntamente** por los miembros del grupo,
▸ que requiere una gran **diversidad de actividades**,
▸ que corre paralelo al desarrollo de la **conciencia intercultural**.

Ofrece temas, actividades y situaciones
▸ interesantes y motivadores: los alumnos **querrán decir algo o saber algo**,
▸ comunicativos y participativos: los alumnos **tendrán que actuar**,
▸ adecuados en cada momento a su nivel de conocimientos de español: los alumnos **serán capaces de actuar**.

Las **tareas**: desarrollo de procesos de la **comunicación** en el **aula** como eje del **aprendizaje**

bién, de integrar y contextualizar los actos de habla en unidades discursivas más extensas. Para ello, toma el aula y el grupo de aprendizaje como contexto en el que se llevarán a cabo las actividades de comunicación en forma de tareas.

Las tareas propuestas en GENTE adoptan la forma de productos que los alumnos elaboran en cooperación; estos productos son en su mayoría textos —orales o escritos— que reflejan decisiones, acuerdos o propuestas de los grupos de trabajo en que se ha distribuido la clase, y que versan sobre temas que se han considerado potencialmente motivadores e interesantes. El programa de trabajo de los contenidos lingüísticos (léxicos, gramaticales funcionales, fonéticos...) viene determinado por la selección de los recursos que los alumnos necesitarán tanto para la elaboración del mencionado producto, como para el desarrollo de las actividades previas (obtención y suministro de información, propuestas y discusión de soluciones a las tareas, etc.).

La estructura de GENTE: cuatro tipos de lecciones

El *Libro del alumno* comprende once secuencias de cuatro lecciones, lo que da un total de cuarenta y cuatro lecciones. Cada secuencia tiene como eje la realización de una tarea globalizadora, en torno a la cual se organizan lecciones de cuatro tipos diferentes, precedidas de una introducción a la secuencia.

ENTRAR EN MATERIA: introducción a la secuencia. Son páginas que incluyen los objetivos de la secuencia y contienen actividades de "precalentamiento".

EN CONTEXTO: primera lección de la secuencia. Contiene una variada tipología de textos, que presentan contextualizados los recursos lingüísticos que los alumnos necesitarán para realizar la tarea. Son lecciones con predominio de la comprensión.

FORMAS Y RECURSOS: segunda lección. Se hace hincapié en la observación y práctica de aspectos formales (morfosintácticos, nocio-funcionales, etc.) que preparan a los alumnos para la realización de las tareas de la lección siguiente.

TAREAS: tercera lección. Es el núcleo de la secuencia. Potencia al máximo la ejercitación de la competencia comunicativa, movilizando y afianzando los recursos vistos hasta el momento e integrando las distintas destrezas.

MUNDOS EN CONTACTO: cuarta lección. Propone a los alumnos textos y actividades destinadas principalmente a propiciar en el aula el desarrollo de la conciencia intercultural.

Cada lección se presenta en una doble página, que abarca entre una y dos horas de trabajo en el aula.

El **Libro del alumno** va junto con una **Carpeta de audiciones**, que contiene un casete de 75 minutos de duración y un cuaderno con las transcripciones de los documentos sonoros y pautas generales para su uso. Gran parte de estos documentos se han obtenido a partir de un amplio archivo de grabaciones con textos espontáneos de hablantes, que reflejan diversas variantes dialectales de España y de Hispanoamérica.

El **Libro de trabajo y resumen gramatical** se ha concebido atendiendo a un objetivo prioritario: dotar a los alumnos de una herramienta realmente eficaz para potenciar un trabajo autónomo. Para ello, adopta una estructura tripartita, con once unidades correspondientes a las once secuencias, y organizadas del siguiente modo: A) Bloque de actividades y ejercicios, que incluye un abanico de propuestas de trabajo para el perfeccionamiento y la fijación del vocabulario, la gramática, la pronunciación y la escritura. B) Agenda del alumno, con diversas acividades destinadas a desarrollar las estrategias de aprendizaje y a propiciar la autoevaluación. C) Resumen gramatical, que presenta de manera sistemática los contenidos lingüísticos trabajados en la secuencia. Este libro incorpora un CD con nuevos documentos sonoros, que permite al alumno practicar, en su casa o en un centro de autoaprendizaje, la comprensión auditiva, la pronunciación y la entonación.

Además, **GENTE** ofrece materiales complementarios ajustados a la progresión del curso:
Gente que lee, una novela graduada escrita especialmente para el curso.
Gente de la tele, un vídeo elaborado a partir de fragmentos tomados de la televisión y acompañado de una **Guía** con propuestas para su uso en clase.

Índice

1 2 3 4

gente que estudia español

5 6 7 8

gente con gente

ENTRAR EN MATERIA

Identificar nombres propios a partir de una audición y una lista para una primera sensibilización sobre la correspondencia entre grafías y sonidos en español.

Especular sobre la edad, la profesión y los rasgos del carácter de una serie de personas.

EN CONTEXTO

1

COMUNICACIÓN
Expresar intereses respecto al español.

Sistema formal
Numerales del 1 al 10.
Artículo determinado. Concordancia de género y número.

VOCABULARIO
Nombres de los países hispanohablantes.

TEXTOS
Concurso televisivo (CA).

5

COMUNICACIÓN
Entender información sobre las personas.
Entender opiniones y valoraciones sobre las personas.

VOCABULARIO
Edad, nacionalidad, estado civil, aficiones, estudios, profesión y carácter.

TEXTOS
Conversación (CA).

FORMAS Y RECURSOS

2

COMUNICACIÓN
Dar y entender un número de teléfono.
Identificar países en un mapa.
Deletrear.
Recursos de control de la comunicación.

SISTEMA FORMAL
Grafía de algunos fonemas.
Pronombres sujeto: morfología.
Presente de SER.
Artículos: EL, LA, LOS, LAS.
Demostrativos: ESTO, ESTE/A/OS/AS .
SÍ/NO.

VOCABULARIO
Nombres de las letras.

6

COMUNICACIÓN
Pedir y dar información sobre personas: nombre, edad, profesión, nacionalidad, estado civil.
Valorar rasgos personales.

SISTEMA FORMAL
Presente de Indicativo: 1ª conjugación.
LLAMARSE.
Posesivos: MI, TU, SU, MIS, TUS, SUS.
MUY, UN POCO, BASTANTE, NADA + *adjetivo*.
Adjetivos: flexión de género y número.
Numerales hasta el 100.

VOCABULARIO
Relaciones de parentesco.
Nacionalidades.

TEXTOS
Conversaciones (CA, EO).

TAREAS

3

Conocer a los compañeros averiguando sus intereses respecto al mundo hispano y confeccionando la lista de la clase.

COMUNICACIÓN
En un grupo, identificar a personas por el nombre.
Dar información con diferentes grados de seguridad y expresar desconocimiento.
Nombres y apellidos en español.

SISTEMA FORMAL
Numerales hasta el 20.

7

Agrupar según afinidades a los turistas de un crucero.

COMUNICACIÓN
Entender y dar información sobre personas.
Razonar una decisión.

SISTEMA FORMAL
PORQUE.
TAMBIÉN.
EL MISMO/LA MISMA.

VOCABULARIO
Reutilización y ampliación del presentado en lecciones anteriores.

TEXTOS
Conversaciones (CA, EO).

MUNDOS EN CONTACTO

4

Reflexionar sobre el estereotipo y la imagen parcial de las demás culturas a partir de la lectura de un texto y una serie de imágenes del mundo hispano.

Primera sensibilización a los diferentes acentos del español.

8

Aproximarse a la diversidad cultural de las regiones y ciudades españolas, mediante un texto informativo y un mapa ilustrado con algunas características culturales y socioeconómicas de cada zona.

gente de vacaciones   ## gente de compras   ## gente en forma

Columna 1 — gente de vacaciones

9

Obtener información de un folleto turístico y elegir un viaje, atendiendo a los propios intereses y preferencias.

COMUNICACIÓN
Describir hábitos en vacaciones.
Expresar gustos y preferencias.

SISTEMA FORMAL
(A MÍ) ME INTERESA, (A MÍ) ME GUSTA/N, QUIERO. PORQUE.

VOCABULARIO
Turismo y vacaciones. Medios de transporte.
Estaciones del año.

TEXTOS
Conversaciones (CA y EO).
Anuncios (CL).

10

COMUNICACIÓN
Existencia y ubicación.
Gustos y preferencias.

SISTEMA FORMAL
HAY/ESTÁ.
Y, NI, TAMBIÉN, TAMPOCO.
QUERER y GUSTAR.
Presencia/ausencia del artículo.
QUÉ, DÓNDE, CUÁNTOS/AS.

VOCABULARIO
La ciudad: lugares y servicios.
Alojamiento.

TEXTOS
Plano urbano con texto descriptivo (CL).
Conversaciones (CA y EO).

11

Elegir entre varias ofertas para las vacaciones y planificarlas en grupo.

COMUNICACIÓN
Referirse a fechas, lugares, alojamiento, actividades y manifestar preferencias.
Llegar a un acuerdo.

SISTEMA FORMAL
PREFERIR/QUERER + Infinitivo.

VOCABULARIO
Meses.
Actividades en vacaciones.

TEXTOS
Conversaciones (EO).
Folletos turísticos (CL).

12

Obtener información sobre la oferta cultural de una región a partir de un folleto de promoción.

Juego de ubicación de lugares en un mapa de Sudamérica.

Columna 2 — gente de compras

A partir de la observación de una imagen panorámica de las distintas tiendas de un centro comercial y de una lista de productos, aprender vocabulario relacionado con esta área temática.

COMUNICACIÓN
Informarse sobre la existencia y el precio de un producto y las formas de pago.
Valorar productos y precios.

SISTEMA FORMAL
NECESITO. TENGO QUE + Infinitivo.

VOCABULARIO
Tiendas y productos (domésticos y personales).

TEXTOS
Lista personal de compras (CL).
Ticket de compras (CL).
Conversaciones (CL, CA).

14

COMUNICACIÓN
Preguntar el precio.
Dar opiniones y razonarlas.

SISTEMA FORMAL
Numerales a partir de 100.
Monedas y precios: concordancia de los numerales.
Demostrativos: forma neutra y formas concordadas. Uso deíctico.
Presente de Indicativo de TENER.
TENER QUE + Infinitivo.
¿CUÁNTO CUESTA/N?
UN/UNO/UNA: formas y usos.

VOCABULARIO
Nombres de monedas.
Colores.
Ropa y prendas de vestir.
Adjetivos relativos al estilo en el vestir.

TEXTOS
Conversaciones (EO).

15

Ponerse de acuerdo para adquirir lo necesario para una fiesta. Buscar regalos apropiados para algunas personas.

COMUNICACIÓN
Preguntar y responder sobre la existencia de objetos.
Informar sobre la necesidad.
Ofrecerse a hacer algo.
Elegir un objeto y razonar la elección.

SISTEMA FORMAL
Presente de Indicativo de PODER.
Pronombres átonos personales: Objeto Directo y Objeto Indirecto.

VOCABULARIO
Regalos personales.
En una fiesta: objetos y productos.

TEXTOS
Conversaciones (CA, EO).

16

Conocer las costumbres más generales de las fiestas navideñas en España, leyendo un texto informativo y una carta infantil a los Reyes.

Contrastar algunos usos sociales relativos a los regalos.

Columna 3 — gente en forma

A partir de fotografías y de una lista de actividades, comparar con otros compañeros los hábitos relacionados con la salud.

COMUNICACIÓN
Entender y realizar descripciones de posturas corporales.
Preguntar y opinar sobre actividades relativas al ejercicio físico.

VOCABULARIO
Partes del cuerpo humano.
Actividades físicas.

TEXTOS
Revistas: artículos de divulgación (CL).
Entrevista radiofónica (CA, EO).
Conversación (EO).

18

COMUNICACIÓN
Preguntar y responder sobre hábitos.
Hacer recomendaciones y dar consejos.

SISTEMA FORMAL
Presentes de Indicativo regulares. Irregulares: DORMIR, DAR, IR, HACER. O>UE, U>UE.
Verbos reflexivos: colocación del pronombre.
ES + adjetivo + Infinitivo. HAY QUE + Infinitivo.
Frecuencia: SIEMPRE, TODOS LOS DÍAS, MUCHAS VECES, DE VEZ EN CUANDO, NUNCA.
Negación: NUNCA + verbo, NO+verbo +NUNCA.
Adverbios de cantidad: MUY, MUCHO, DEMASIADO, MÁS, MENOS.
Adjetivos: MUCHO, DEMASIADO.

VOCABULARIO
Actividades físicas. Partes del cuerpo.
Días de la semana. Aspecto físico.

TEXTOS
Entrevista radiofónica (CA). Encuesta (CL, EO).

19

Elaborar una guía para vivir 100 años en forma.

COMUNICACIÓN
Lectura de textos: obtención de la información principal.
Transmitir información de los textos leídos.
Ponerse de acuerdo en los puntos más importantes.
Elaborar una serie de recomendaciones.

SISTEMA FORMAL
Género de los sustantivos: -CIÓN, -DAD, -OMA, -EMA.

VOCABULARIO
Reutilización del que ha aparecido en las lecciones anteriores.

TEXTOS
Artículos periodísticos (CL).
Guía con consejos (EE).
Conversaciones (EO).

20

Conocer los horarios y rutinas diarias más frecuentes en España, a partir de un reportaje periodístico. Contrastar con el propio país.

gente que trabaja
gente que come bien
gente que viaja

ENTRAR EN MATERIA

Establecer la correspondencia entre nombre e imagen de distintas profesiones y comentar las cualidades necesarias para cada una de ellas, con el apoyo de los recursos lingüísticos que se ofrecen.

Encontrar la correspondencia entre una serie de fotos de productos españoles y sus nombres, y comparar gustos sobre la comida.

Obtener información de una página de agenda y decidir lugar y momento para un cita con su propietaria.

EN CONTEXTO

COMUNICACIÓN
Dar y entender información sobre experiencias de las personas.
Entender anuncios de trabajo.
Opinar sobre ventajas y desventajas de las profesiones.
Razonar opiniones.

VOCABULARIO
Nombres de profesiones.
Perfiles y características profesionales.

TEXTOS
Anuncios de prensa (CL).
Conversaciones (CA, EO).

COMUNICACIÓN
Compra de alimentos básicos. Pesos y medidas.
Desenvolverse en un restaurante.
Descripción y valoración de hábitos alimentarios.
Recomendaciones.

VOCABULARIO
Alimentos y envases.
Cocina: ingredientes, platos y recetas.

TEXTOS
Menú de un restaurante (CL).
Listas de compra (CL).
Entrevista periodística (EO, CL).
Conversaciones (CA, EO).

COMUNICACIÓN
Entender referencias: 1) a lugares en una ruta; 2) a acciones futuras. Fórmulas al teléfono.

SISTEMA FORMAL
Horas y fechas. TODAVIA, TODAVÍA NO, YA. ESTAR EN, ESTAR ENTRE...Y..., PASAR POR, LLEGAR A, ESTAR A X KM DE...

VOCABULARIO
Viajes y rutas. Enseñanza.

TEXTOS
Texto informativo (CL). Programa de estudios (CL). Al teléfono (CA).

FORMAS Y RECURSOS

SISTEMA FORMAL
Pretérito Perfecto: morfología de las tres conjugaciones.
Participios irregulares: VER, HACER, ESCRIBIR, DECIR.
Frecuencia: UNA VEZ, DOS/TRES... VECES, MUCHAS VECES, VARIAS VECES.
Valoración: BIEN, REGULAR, MAL.
SABER: Presente de Indicativo.

COMUNICACIÓN
Informar sobre habilidades y valorarlas.
Dar y pedir información sobre experiencias de las personas.

VOCABULARIO
Datos personales y experiencias relacionadas con la profesión.
Aficiones y habilidades.

TEXTOS
Conversaciones (CA, EO).

COMUNICACIÓN
Pedir en un restaurante.
Solicitar información sobre un plato.

SISTEMA FORMAL
Pesos y medidas.
POCO/UN POCO DE.
NADA, NINGÚN/NINGUNA.
DEMASIADO/S, MUCHO/S, POCO/S, SUFICIENTE/S.
Forma impersonal con SE.

VOCABULARIO
Platos típicos e ingredientes.
Bebidas.
Envases.

TEXTOS
Menú (CL).
Conversaciones (CA, EO).

COMUNICACIÓN
Pedir y dar información: hora y fecha.
Fórmulas frecuentes en los hoteles.
Rutas (distancias, medios, origen y destino).

SISTEMA FORMAL
DE... A, DESDE... HASTA.
EN + medio de transporte.
Marcadores de futuro: PRÓXIMO, QUE VIENE.
YA, TODAVÍA, TODAVÍA NO.
Interrogativas: CUÁNDO, CUÁNTO, QUÉ DÍA/HORA..., A QUÉ HORA.
Las horas.

VOCABULARIO
Medios de comunicación.
Averías y problemas en coche.
Establecimientos.
Alojamiento en hoteles.

TEXTOS
Rótulos (CL). Conversaciones (EO).

TAREAS

Distribuir diferentes puestos de trabajo entre un grupo de personas.

COMUNICACIÓN
Dar y entender información sobre perfiles profesionales.
Hacer una propuesta y razonarla.
Aceptar o rechazar otras propuestas.

VOCABULARIO
Datos personales: nombre y apellidos, edad, domicilio...
Curriculum profesional: estudios, idiomas, experiencia de trabajo, carácter y aptitudes.

SISTEMA FORMAL
SÍ, PERO.
SÍ, Y TAMBIÉN.

TEXTOS
Programa de radio (CA).
Fichas personales con curriculum vitae (CL, EE).

Recopilar las mejores recetas de la clase en forma de "Libro de cocina".

COMUNICACIÓN
Entender una receta a partir de una conversación, un texto e imágenes.
Dar y entender instrucciones.
Escribir una receta y explicarla.

SISTEMA FORMAL
Marcadores de secuencia: PRIMERO, DESPUÉS, LUEGO, AL FINAL.

VOCABULARIO
Ampliación del presentado en lecciones anteriores.

TEXTOS
Receta (CL, CA, EE).
Conversaciones (CA, EO).

Planificar un viaje de negocios decicidiendo vuelos y alojamiento.

COMUNICACIÓN
Referirse a horarios.
Obtener información sobre hoteles.
Reservar billetes y hotel.
Razonar ventajas e inconvenientes.

SISTEMA FORMAL
IR A + *Infinitivo*.
Marcadores temporales: TARDE/PRONTO, ANTES/DESPUÉS DE, DE DÍA/NOCHE.
QUISIERA+ *Infinitivo*.

VOCABULARIO
Reutilización del presentado en lecciones anteriores.

TEXTOS
Horarios (CL). Anuncios de hoteles (CL).
Al teléfono (CA). Conversación (EO).

MUNDOS EN CONTACTO

Conocer la problemática de la juventud española actual, sus opiniones y actitudes, reflejadas en un reportaje periodístico.

Descubrir y comparar hábitos relacionados con la alimentación a partir de la lectura de un texto novelado.

Lectura y escritura de poemas.

Reflexionar sobre las diferencias culturales en el ámbito de las relaciones profesionales y el malentendido intercultural a partir de un texto de opinión.

gente de ciudad

Leer una lista desordenada de descripciones de cuatro ciudades del mundo hispano, y decidir a cuál de ellas se refieren.

COMUNICACIÓN
Una encuesta: entender y responder.
Hacer valoraciones, establecer prioridades personales e informar sobre ellas.

VOCABULARIO
La ciudad: servicios públicos (transportes, educación, sanidad...); cultura y ocio; ecología y clima; actividades comerciales e industriales; población, sociedad e historia.

TEXTOS
Encuesta (CL). Textos breves de enciclopedia (CL). Conversación (EO).

COMUNICACIÓN
Describir una ciudad.
Hacer valoraciones y comparaciones.
Expresar opiniones, acuerdo y desacuerdo.
Expresar gustos y deseos.

SISTEMA FORMAL
Comparar: MÁS/MENOS... QUE, MEJOR, PEOR.
Superioridad: EL/LA/LOS/LAS MÁS... Igualdad: EL MISMO, TAN... COMO, TANTO/A/OS/AS.
Oraciones de relativo: QUE, EN EL/LA/LOS/LAS QUE, DONDE.
(A MÍ) ME GUSTA/ME GUSTARÍA.
(A MÍ) ME PARECE QUE.
YO (NO) ESTOY DE ACUERDO CON...

VOCABULARIO
Reutilización del aparecido en las lecciones anteriores.

TEXTOS
Conversaciones (EO). Pasatiempo (CL).

Discutir los problemas de una ciudad y establecer prioridades en sus soluciones.

COMUNICACIÓN
Hacer valoraciones.
Establecer prioridades.
Hacer propuestas y defenderlas.
Mostrar acuerdo y desacuerdo.

SISTEMA FORMAL
ES URGENTE/FUNDAMENTAL/... + Infinitivo.
ESO (anafórico).

VOCABULARIO
Reutilización y ampliación del aparecido en las lecciones anteriores.

TEXTOS
Reportaje periodístico (CL).
Encuesta radiofónica (CA).
Ponencia (EO).

Escuchar las descripciones de tres ciudades e identificarlas con una fotografía.

gente en casa

Sobre un plano de una vivienda, distribuir adecuadamente los muebles de los distintos miembros de una familia.

COMUNICACIÓN
Visitas a amigos: saludar, hacer presentaciones, despedirse, ritos sociales.
Entender descripciones de viviendas.

VOCABULARIO
La vivienda: situación, espacios.

TEXTOS
Conversación (CA, CL).
Anuncios de prensa (CL).

COMUNICACIÓN
Pedir y dar direcciones.
Ofrecer cosas.
Dar instrucciones en la ciudad.
Pedir y conceder permiso.
Hacer presentaciones.
Fórmulas más frecuentes al teléfono.
Criterios para la elección de TÚ/USTED.

SISTEMA FORMAL
Imperativo: las tres conjugaciones.
Contraste (en singular y plural) de TÚ/USTED: Presente de Indicativo, Imperativo (con reflexivos y sin ellos), TE/LE/SE/OS.
ESTAR + Gerundio.
POR... HASTA

VOCABULARIO
Abreviaturas en las direcciones postales.

TEXTOS
Conversaciones (CA).

Simular una visita a una familia española en su casa.

COMUNICACIÓN
Hacer invitaciones y aceptarlas.
Cumplidos de anfitrión y huésped: ofrecer algo, entregar un obsequio, interesarse por familiares.
Saludar y despedirse.
Dar y seguir instrucciones en trayectos a pie.

SISTEMA FORMAL
¿QUÉ TAL + nombre?
¡QUÉ + nombre + TAN + adjetivo!
¿POR QUÉ NO...?
ASÍ...

VOCABULARIO
La vivienda.
La ciudad: direcciones y transportes.

TEXTOS
Conversaciones (EO).

Con la información obtenida en un texto novelístico y unos anuncios de prensa, elegir distintos tipos de viviendas para distintas personas.

gente e historias

Relacionar fechas y acontecimientos importantes a partir de una serie de titulares de prensa e informar sobre los más importantes de la historia del propio país.

COMUNICACIÓN
Entender la información objetiva en diarios personales.
Relacionar los datos obtenidos con el conocimiento general de la historia.
Fechar acontecimientos.

VOCABULARIO
Acontecimientos históricos.
Rutina cotidiana.

TEXTOS
Diarios personales (CL).
Conversación (EO).

COMUNICACIÓN
Fechas importantes de la propia vida.
Describir condiciones de vida en el pasado.
Relatar la jornada de una persona.

SISTEMA FORMAL
Pretéritos indefinidos regulares. SER, TENER y ESTAR.
Pretéritos imperfectos regulares. SER e IR.
Contraste de los usos del Perfecto y del Indefinido: marcadores del pasado.
Usos del Imperfecto: circunstancias en un relato.
Imperfecto de habitualidad.
Relacionar acontecimientos: POR ESO, ASÍ QUE, LUEGO, DESPUÉS, ENTONCES.

VOCABULARIO
Reutilización del aparecido en la lección anterior.

TEXTOS
Entrevista de radio (CA).
Conversaciones (CA, EO).

Escribir la biografía de una persona de nuestro país.

COMUNICACIÓN
Estructurar un texto biográfico.
Fechar momentos y acontecimientos.
Referirse a las condiciones y circunstancias históricas.

SISTEMA FORMAL
A LOS... AÑOS. DE NIÑO/JOVEN/MAYOR.
AL + Infinitivo.
DESDE... HASTA...

VOCABULARIO
Etapas de la biografía de una persona: edades, formación, vida profesional y familiar.
Acontecimientos históricos y político-sociales.

TEXTOS
Fichas de trabajo con informaciones personales (CL). Conversación (EO). Relato biográfico (EE).

Informarse de la situación sociopolítica de la España de la postguerra leyendo un texto novelístico con los recuerdos de infancia de su protagonista.

gente que estudia español

① El primer día de clase

Esto es una escuela de idiomas en España. Laura, la profesora, está pasando lista: lee los nombres de los estudiantes.
¿Están todos? Pon una cruz al lado de los estudiantes que sí están.

NOMBRE	APELLIDOS
01 Ana	REDONDO CORTÉS
02 Luis	RODRIGO SALAZAR
03 Eva	TOMÁS ALONSO
04 José Antonio	VALLE PÉREZ
05 Raúl	OLANO ARTIGAS
06 Mari Paz	RODRÍGUEZ PRADO
07 Francisco	LEGUINECHE ZUBIZARRETA
08 Cecilia	CASTRO OMEDES
09 Alberto	VIZCAINO MORCILLO
10 Silvia	JIMÉNEZ LUQUE
11 Nieves	HERRERO GARCÍA
12 Paz	GUILLÉN COBOS
13 Gerardo	BERMEJO BERMEJO
14 David	BLANCO HERRERO

② ¿Cómo suena el español?

Escucha otra vez los nombres.
Tu profesor los leerá despacio.
¿Has oído sonidos "nuevos" para ti?

Vamos a tener un primer contacto con el español y los países en los que se habla.

También vamos a conocer a los compañeros de la clase.

❶ El español y tú

Cada uno de nosotros es diferente y tiene intereses diferentes. Aquí tienes algunas imágenes del mundo hispano.

_____ 1 - uno / Las playas

_____ 2 - dos / Los monumentos

_____ 3 - tres / La gente

_____ 4 - cuatro / El arte

_____ 5 - cinco / La comida

_____ 6 - seis / La política

_____ 7 - siete / Los negocios   E
                                      business

_____ 8 - ocho / Las grandes ciudades   D

_____ 9 - nueve / Las fiestas populares

_____ 10 - diez / La naturaleza   ✗F

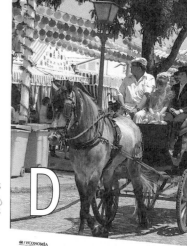

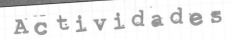

Actividades

A Intenta relacionar los temas con las fotos.

B ¿Tú qué quieres conocer del mundo hispano?

● Yo, las playas y la comida.

C ¿Sabes ya contar hasta diez en español? A ver... Inténtalo sin mirar.

❷ El español en el mundo

☐ ARGENTINA		
☐ BOLIVIA	☐ COLOMBIA	☐ COSTA RICA
☐ CUBA	☐ CHILE	☐ ECUADOR
☐ ESPAÑA	☐ FILIPINAS	☐ GUATEMALA
☐ GUINEA ECUATORIAL	☐ HONDURAS	☐ MÉXICO
☐ NICARAGUA	☐ PANAMÁ	☐ PARAGUAY
☐ PERÚ	☐ PUERTO RICO	☐ REP. DOMINICANA
☐ EL SALVADOR	☐ URUGUAY	☐ VENEZUELA

La televisión está transmitiendo el "Festival de la Canción Hispana". Participan todos los países en los que se habla español. Ya sabes, son muchos: se habla español en cuatro continentes.
Ahora, está votando Argentina.

Actividades

A ¿Cuántos puntos da Argentina a cada país? Anótalo en la pantalla.

B Cierra ahora el libro: ¿puedes decir en español el nombre de cinco países de la lista?

2 gente que estudia español

❶ Un juego: tres, cuatro, cinco...
Lee uno de estos números: ¿de quién es?

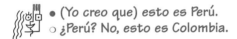

● Tres, seis, cinco, cero, cero, ocho.
○ Pérez Pérez, V.

Pérez Fernández, C. - Pl. de las Gardenias, 7	36 5501
Pérez Medina, M.E. - Río Tajo, 9	38 7925
Pérez Montes, J.L. - García Lorca, 5	31 3346
Pérez Moreno, F. - Fernán González, 16	39 4321
Pérez Nieto, R. - Pl. Santa Teresa, 12-14	30 3698
Pérez Ordóñez, A. - Pl. Independencia, 2	37 4512
Pérez Pérez, S. - Puente de Toledo, 4	34 4329
Pérez Pérez, V. - Galileo, 4	36 5008
Pérez Pescador, J. - Av. del Pino, 3-7	33 0963
Pérez Pico, L. - Av. Soria, 11	35 7590

❷ Un poco de geografía
¿Podéis situar en el mapa estos países?

● (Yo creo que) esto es Perú.
○ ¿Perú? No, esto es Colombia.

CHILE
ARGENTINA
PERÚ
MÉXICO
CUBA
VENEZUELA
COLOMBIA
URUGUAY

• La Habana
• México D.F.
JAMAICA
REP. DOMINICANA
HAITÍ
PUERTO RICO
GUATEMALA
HONDURAS
NICARAGUA
COSTA RICA
PANAMÁ
• Caracas
GUYANA
SURINAM
GUYANA FRANCESA
• Bogotá
ECUADOR
B R A S I L
• Lima
BOLIVIA
PARAGUAY
Santiago
Montevideo
Buenos Aires

SER: EL PRESENTE

(yo)	soy
(tú)	eres
(él, ella, usted)	es
(nosotros, nosotras)	somos
(vosotros, vosotras)	sois
(ellos, ellas, ustedes)	son

¿Luis Sancho...?
Soy yo.

GÉNERO Y NÚMERO

	masculino	femenino
singular	**el / este** el país este país	**la / esta** la ciudad esta ciudad
plural	**los / estos** los países estos países	**las / estas** las ciudades estas ciudades
	esto Esto es Chile.	

SÍ, NO

sí, no,
sí, no,
sí , no,
Siiiiiiiii....

PARA LA CLASE

¿Cómo se escribe?
¿Se escribe con hache / be / uve...?
¿Cómo se dice... en español?
¿Cómo se pronuncia...?
¿Qué significa...?

EL ALFABETO

A	B	C
a	be	ce
CH	D	E
che/ce hache	de	e
F	G	H
efe	ge	hache
I	J	K
i	jota	ka
L	LL	M
ele	elle	eme
N	Ñ	O
ene	eñe	o
P	Q	R
pe	cu	ere/erre
S	T	U
ese	te	u
V	W	X
uve	uve doble	equis
Y	Z	
i griega	zeta	

Yo soy la a.

Yo soy la zeta.

3 **Sonidos y letras**

Escucha estos nombres y apellidos. Observa cómo se escriben.

Hugo
Hernández
Hoyo

Carolina
Cueto
Cobos

Jaime
Jiménez
Juárez

Gerardo
Ginés
Gil

Vicente
Víctor
Beatriz

Celia
Ciruelo
Zamora

Rita
Aranda
Parra

Pancho
Chaves
Chelo

Guerra
Guevara
Guillén

Guadalupe
Gala
Gómez

Valle
Llorente
Llave

Toño
Yáñez
Paños

4 **¿Qué ciudad es?**

Elige una etiqueta y deletréala. Tu compañero tiene que adivinar el nombre de la ciudad.

● Be, ce, ene.
○ ¡Barcelona!

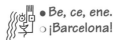 MGA
 GUA
 BOG

 MAD
PMI
SAL
ASU

 BCN
 ALC
 SDQ
 LIM

 HAV
 CCS
 MEX

SOLUCIONES

MGA: Managua
GUA: Guatemala
BOG: Bogotá
MAD: Madrid
PMI: Palma de Mallorca
ASU: Asunción
BCN: Barcelona
SAL: San Salvador
LIM: Lima
HAV: La Habana
ALC: Alicante
SDQ: Santo Domingo
CCS: Caracas
MEX: México

❶ ¿Quién es quién?

Éstos son algunos personajes famosos del mundo hispano. ¿Los conoces? Habla con tu compañero.

- ☐ JUAN CARLOS I
- ☐ PABLO PICASSO
- ☐ PLÁCIDO DOMINGO
- ☐ MIGUEL DE CERVANTES
- ☐ PACO DE LUCÍA
- ☐ SALVADOR ALLENDE
- ☐ CARMEN MAURA
- ☐ RIGOBERTA MENCHÚ
- ☐ CONCHITA MARTÍNEZ
- ☐ GLORIA ESTEFAN

- • Ésta es Carmen Maura, ¿no?
- ○ No, creo que es Conchita Martínez. Carmen Maura es ésta, la cuatro.
- • ¿Y el siete?
- ○ No sé.
- • Yo creo que el siete es...

¿Conoces tú a otros personajes? ¿Cuáles?

❷ El país más interesante (para nuestra clase)

¿Cuál es? Vamos a hacer una estadística en la pizarra. Escribe tu elección:

3 puntos: _____

2 puntos: _____

1 punto: _____

ARGENTINA		
BOLIVIA	FILIPINAS	PARAGUAY
COLOMBIA ·	GUATEMALA	PERÚ
COSTA RICA	GUINEA ECUATORIAL	PUERTO RICO
CUBA	HONDURAS	REPÚBLICA DOMINICANA
CHILE	MÉXICO	EL SALVADOR
ECUADOR	NICARAGUA	URUGUAY
ESPAÑA	PANAMÁ	VENEZUELA

DEL ONCE AL VEINTE

11 once
12 doce
13 trece
14 catorce
15 quince
16 dieciséis
17 diecisiete
18 dieciocho
19 diecinueve
20 veinte

Si queréis, podéis buscar información sobre los países ganadores y presentarla a la clase.

3 Nombres y apellidos

¿Puedes clasificarlos en las cajas? Piensa en personajes famosos, en nombres parecidos en tu lengua...

Compara, después, tu lista con las de dos compañeros.

Carlos
Pablo

García
Miguel

Márquez
Ana

Susana
Ernesto

María
Mateo

Pedro
Juan

Luis
José

Isabel
Villa

Martínez
Castro

Fidel
Felipe

González
Salvador

Plácido
Fernández

NOMBRES

APELLIDOS

● ¿González es nombre o apellido?
○ No sé...
■ Apellido: Felipe González, por ejemplo.

NOMBRES Y TELÉFONOS

● ¿Cuál es tu número de teléfono?
○ (Es el) 344562.

¿Cómo te llamas?

Luigi Caffo.

¿Caffo es nombre o apellido?

4 La lista

¿Sabes cómo se llaman todos tus compañeros de clase? Vamos a hacer la lista. Tienes que preguntar a cada uno cómo se llama: nombre y apellido.
Y, luego, pregúntales su número de teléfono.
Ahora, alguien puede pasar lista. ¿Cuántos sois?

5 De la A a la Z

Mira la lista de la página 11 y ordénala alfabéticamente. Luego, vamos a comparar nuestros resultados.

● Bermejo, Castro...
○ No, Bermejo, Blanco, Castro...

Bermejo... Blanco... Castro...

A B C D

EL MUNDO
DEL ESPAÑOL

Todos sabemos algo de los países en los que se habla español: de sus ciudades, de sus tradiciones, de sus paisajes, de sus monumentos, de su arte y de su cultura, de su gente.

Pero muchas veces nuestra información de un país no es completa; conocemos sólo una parte del país: sus ciudades más famosas, sus paisajes más conocidos, sus tradiciones más folclóricas.

El mundo hispano tiene países muy diferentes, y cada país tiene aspectos muy diferentes.

1 ¿Puedes decir de qué país son estas fotos?

- ¿La tres es España?
- No, no es España. Es Latinoamérica, Ecuador o Bolivia, creo.

2 El español también suena de maneras diferentes. Vas a escuchar tres versiones de una misma conversación.

S O L U C I O N E S

1/ Picos de Europa, España. 2/ Ávila, España. 3/ Quito, Ecuador. 4/ Cataluña, España. 5/ Pirámide de Chichén Itzá, México. 6/ San Pedro de Atacama, Chile. 7/ Tarragona, España. 8/ Cáceres, España.

ALBERTO

DIEGO

SILVIA

gente con **gente**

5 6 7 8

Vamos a organizar un grupo de turistas. Para hacerlo, tenemos que aprender a:

✔ pedir y dar información sobre personas,
✔ expresar nuestra opinión sobre los demás.

❶ ¿Quiénes son?

Tú no conoces a estas personas pero tu profesor sí. ¿Tienes intuición?
Asígnales los datos de las listas.

es profesor/a de español   tiene 16 (dieciséis) años
es ama de casa   es español/a   tiene 47 (cuarenta y siete) años
es estudiante   tiene 22 (veintidós) años
trabaja en una editorial   es latinoamericano/a   tiene 40 (cuarenta) años
es sociólogo/a   tiene 30 (treinta) años

ALBERTO

Es camarero.

Es latinoamericano.

Tiene 27 (veintisiete) años.

MIREIA

_____
_____
_____

DIEGO

_____
_____
_____

ROSA

ROSA

_____
_____
_____

AGUSTÍN

_____
_____
_____

SILVIA

_____
_____
_____

Compara tus fichas con las de dos compañeros. Y, luego, preguntad al
profesor si vuestros datos son correctos. ¿Quién ha tenido más intuición?

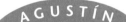

● Yo creo que Alberto es profesor de español.
○ Yo también creo que es profesor.
■ No... Yo creo que es camarero.

AGUSTÍN

❷ ¿De quién están hablando?

 ¿A qué personas de la actividad 1 crees que se refieren estas opiniones? ¿Tus
compañeros están pensando en las mismas personas?

● ¡Qué simpático es!   ■ Es una mujer muy inteligente.
○ Sí, es una persona muy agradable.   □ Sí, pero es pedante, antipática...
● Y muy trabajador.   ■ Sí, eso sí... Y un poco egoísta...
○ Sí, es cierto. Y no es nada egoísta...   □ ¡Muy egoísta...!
● No, qué va... Al revés...

MIREIA

❸ Las formas de los adjetivos

Subraya los adjetivos de las conversaciones anteriores. ¿Puedes clasificarlos
en masculinos y femeninos?

➊ La gente de la calle Picasso

C o n t e x t o

Toda esta gente vive en la calle Picasso. Son personas muy diferentes: hombres y mujeres; niños, jóvenes y personas mayores; casados y solteros; españoles y de otros países... El sábado por la mañana están todos en casa.

casa 1

MARIBEL MARTÍNEZ SORIA
Es ama de casa.
Es española.
Hace aeróbic y
estudia historia.
Es muy sociable
y muy activa.

JUANJO RUIZ PEÑA
Trabaja en un banco.
Es español.
Corre y hace
fotografías.
Es muy buena
persona pero un
poco serio.

MANUEL RUIZ MARTÍNEZ
Juega al fútbol.
Es muy travieso.

EVA RUIZ MARTÍNEZ
Toca la guitarra.
Es muy inteligente.

casa 2
BEATRIZ SALAS GALLARDO
Es periodista.
Es española.
Juega al tenis y estudia inglés.
Es muy trabajadora.

JORGE ROSENBERG
Es fotógrafo.
Es argentino.
Colecciona sellos.
Es muy cariñoso.

DAVID ROSENBERG SALAS
Come mucho
y duerme poco.

casa 3
RAQUEL MORA VILAR
Estudia Económicas.
Es soltera.
Juega al squash.
Es un poco pedante.

SARA MORA VILAR
Estudia Derecho.
Es soltera.
Toca el piano.
Es muy alegre.

casa 4
JOSÉ LUIS BAEZA PUENTE
Es ingeniero.
Está separado.
Toca la batería.
Es muy callado.

UWE SCHERLING
Es profesor de alemán.
Es soltero.
Toca el saxofón.
Es muy simpático.

casa 5
LORENZO BIGAS TOMÁS
Trabaja en IBERIA.
Es divorciado.
Es muy tímido.

SILVIA BIGAS PÉREZ
Es estudiante.
Baila flamenco.
Es un poco perezosa.

casa 6
ADRIANA GULBENZU RIAÑO
Trabaja en una farmacia.
Es viuda.
Pinta.
Es muy independiente.

TECLA RIAÑO SANTOS
Está jubilada.
Es viuda.
Hace punto y cocina.
Es muy amable.

Actividades

A Si miras la imagen y lees los textos, puedes saber muchas cosas de estas personas. Busca gente con estas características y escribe su nombre.

un niño: _Manel Ruiz Martínez_
un hombre soltero: _Uwe Scherling_
una persona que hace deporte: _Maribel_
una chica que estudia: _Beatriz_
una señora mayor: _Maribel_
una persona que no trabaja: _Tecla_

B 🔊 Escucha a dos vecinas. ¿De quién están hablando? ¿Qué dicen?

HABLAN DE...	ES / SON...
1._____	1._____
_____	_____
2._____	2._____
_____	_____
3._____	3._____
_____	_____
4._____	4._____
_____	_____
5._____	5._____
_____	_____
6._____	6._____
_____	_____

23

6 gente con gente

❶ Personas famosas

¿Qué tal tu memoria? En equipos de dos o tres compañeros, vamos a completar esta lista. A ver qué equipo termina antes.

una actriz italiana
un pintor español
un director de cine italiano
un actor norteamericano
una escritora inglesa

un político europeo
un músico alemán
una cantante francesa
un deportista argentino
un personaje histórico español

● Una actriz italiana...
○ Catherine Deneuve.
● ¿Es italiana?
■ No, es francesa.

❷ Español, española...

En este mapa puedes encontrar todos los países de la U.E. Une el nombre del país con los adjetivos correspondientes. ¿Puedes sacar alguna regla sobre el género de estas palabras?

danés
danesa

finlandés
finlandesa

luxemburgués
luxemburguesa

inglés
inglesa

alemán
alemana

griego
griega

irlandés
irlandesa

austriaco
austriaca

italiano
italiana

belga
belga

portugués
portuguesa

sueco
sueca

español
española

francés
francesa

holandés
holandesa

❸ Tu país y tu ciudad

¿Sabes ya el nombre de tu país y de sus habitantes? Si no ha salido aún, pregúntaselo a tu profesor. Pregúntale también por tu ciudad, a lo mejor hay una traducción al español.

● ¿Cómo es München en español?
○ Munich.

Después, pregúntale a tu compañero de qué ciudad es:

● ¿De dónde eres?
○ De Río de Janeiro.

EL PRESENTE:
1ª CONJUGACIÓN

	TRABAJ**ar**
(yo)	trabaj**o**
(tú)	trabaj**as**
(él, ella, usted)	trabaj**a**
(nosotros, nosotras)	trabaj**amos**
(vosotros, vosotras)	trabaj**áis**
(ellos, ellas, ustedes)	trabaj**an**

EL NOMBRE

			LLAMARSE
Me	llamo	Nos	llamamos
Te	llamas	Os	llamáis
Se	llama	Se	llaman

ADJETIVOS

	masculino	femenino
o , a	simpátic**o**	simpátic**a**
or, ora	trabajad**or**	trabajad**ora**
e consonante **ista**		inteligent**e** difícil pesim**ista**

Es **muy** amable.
Es **bastante** inteligente.
Es **un poco** antipática.
No es **nada** sociable.

Un poco, sólo para cosas negativas: *un poco guapa

	singular	plural
vocal	simpátic**o** inteligent**e** trabajad**ora**	simpátic**os** inteligent**es** trabajad**oras**
consonante	difícil trabajad**or**	difícil**es** trabajad**ores**

LA EDAD

- ¿Cuántos años tiene?
  ¿Cuántos años tienes?
- Treinta.
  Tengo treinta años.
  Soy treinta.

DEL 20 AL 100

20 veinte
   veintiuno, veintidós, veintitrés
   veinticuatro, veinticinco,
   veintiséis, veintisiete,
   veintiocho, veintinueve
30 treinta
   treinta y uno
40 cuarenta
   cuarenta y dos
50 cincuenta
   cincuenta y tres
60 sesenta
   sesenta y cuatro
70 setenta
80 ochenta
90 noventa
100 cien

EL ESTADO CIVIL

Soy   soltero/a.
Estoy   casado/a.
     viudo/a.
     divorciado/a.

LA PROFESIÓN

- ¿A qué se dedica usted?
  ¿A qué te dedicas?
- Trabajo en un banco.
  Estudio en la universidad.
  Soy camarero.

RELACIONES FAMILIARES

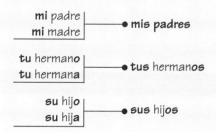

mi padre
mi madre → **mis** padres

tu hermano
tu hermana → **tus** hermanos

su hijo
su hija → **sus** hijos

En muchos países
latinoamericanos se dice:
mi mamá, mi papá y **mis papás.**

---

4 **El árbol genealógico de Paula**
Paula está hablando de su familia: escúchala y completa su árbol genealógico.

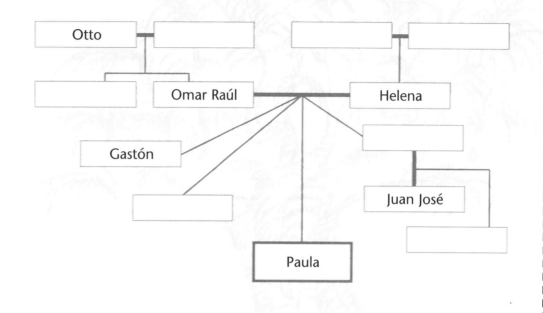

Ahora compara tus resultados con los de un compañero. Después, haz preguntas a tu compañero para construir su árbol.

5 **Los verbos en español: -ar, -er, -ir**
¿Haces algunas de estas cosas? Señálalo con flechas.

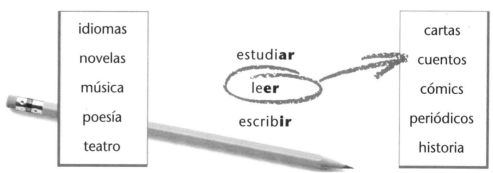

Haz preguntas a tu compañero y, luego, informa a la clase.

 • ¿Estudia<u>s</u> idiomas?
¿Lee<u>s</u> cuentos?
¿Escribe<u>s</u> poesía?

 • Paul estudi<u>a</u> italiano, le<u>e</u> periódicos y escrib<u>e</u> poesía.

❶ Un crucero por el Mediterráneo

Todas estas personas van a hacer un crucero por las Islas Baleares. Tú y otro compañero trabajáis en la agencia de viajes "OLATOURS" y tenéis que organizar un poco el grupo. ¿Puedes reconocer en la imagen a los pasajeros de la lista? Escribe en las etiquetas su número.

1. Sr. López Marín
Biólogo jubilado.
67 años.
Sólo habla español.
Colecciona
mariposas.

2. Sra. López Marín
Jubilada.
65 años.
Habla español y
francés.
Muy aficionada
al fútbol.

3. Sra. Marina Toledo
51 años.
Profesora de música.
Habla español e
inglés.
Soltera.

4. Manuel Gálvez
Profesor de gimnasia.
50 años.
Separado.
Habla español y
francés.
Colecciona mariposas.

5. Keiko Tanaka
Arquitecta.
35 años.
Habla japonés y un
poco de inglés.
Casada.

6. Akira Tanaka
Pintor.
40 años.
Habla japonés y un
poco de español.

7. Ikuko Tanaka
6 años.
Habla japonés.

8. Celia Ojeda
Chilena.
Arquitecta.
32 años.
Habla español y un
poco de inglés.

9. BLAS RODRIGO
Chileno.
Trabaja en una
empresa de
informática.
20 años.
Habla español, inglés
y un poco de alemán.
Muy aficionado al
fútbol.

10. BERND MÜLLER
Suizo.
Pianista.
35 años.
Soltero.
Habla alemán,
italiano y un poco de
francés.

11. NICOLETTA TOMBA
Italiana.
Estudia Informática.
26 años.
Soltera.
Habla italiano, francés
y un poco de inglés.

12. VALENTÍN PONCE
Funcionario.
43 años.
Casado.
Sólo habla español.
Muy aficionado al
fútbol.

**13. ELISENDA GARCÍA
DE PONCE**
Ama de casa.
41 años.
Casada.
Sólo habla español.

14. JAVI PONCE GARCÍA
8 años.

15. SILVIA PONCE GARCÍA
Estudia Biología.
18 años.
Habla español,
inglés y un poco
de italiano.

Compara tus resultados con los de tu compañero. ¿Lo habéis hecho igual?

❷ La distribución de los turistas en el restaurante

Queréis que vuestros clientes lo pasen bien: ¿cómo vais a distribuirlos en las mesas? Escucha a otros empleados de la empresa para tener más información.
Y otra cosa: ¿con quién vais a sentaros vosotros?

OS SERÁ ÚTIL

En la mesa 1: A, B...

A al lado de B porque...

Tienen { la misma edad.
la misma profesión.
el mismo hobby.

Los dos...

A habla francés y B, también.

❸ Vuestra propuesta
Tenéis que explicar y razonar vuestra distribución a toda la clase.

¿DE DÓNDE ES USTED?

Dos españoles se conocen en una fiesta, o en un tren, o en la playa, o en un bar... **¿De dónde es usted?** o **¿De dónde eres?** son, casi siempre, las primeras preguntas. Luego, lo explican con muchos detalles. Por ejemplo: "Yo soy aragonés, pero vivo en Cataluña desde el 76... Mis padres son de Teruel y bla, bla, bla".

Y es que cada región española es muy diferente: la historia, las tradiciones, la lengua, la economía, el paisaje, las maneras de vivir, incluso el aspecto físico de las personas.

pescador
maderero
esquiador
palacio
toro
tractor
champán
avión
granjero/granjera
gamba
acróbata
buque
transoceánico
anguila (eel)
ginebra
tomar el sol (sunbathe)
to take
coche
reina
molino de viento
jefe/a
arroz paella
caballero
montaña
la Nevada
reto
guitarra
guitarrista
fuerte (fort)
reconozco
recognise
bailaora de flamenco
bailador (a)

1 Lee el texto. ¿También es así en tu país?

2 Mira el mapa. ¿Qué reconoces (regiones, ciudades, monumentos, costumbres...)?

3 ¿Conoces a españoles? ¿Cómo son? Haz una lista de adjetivos. Seguro que no todos tenemos la misma imagen de los españoles.

9 10 11 12

Vamos a organizar unas vacaciones en grupo. Aprenderemos a:

✔ expresar gustos y preferencias,
✔ hablar de lugares.

gente
de
vacaciones

1 Un viaje: ¿Madrid o Barcelona?

Mira las fotos con tu compañero y señala las que conoces.

 ● Esto es la Sagrada Familia.
○ No, esto es el Reina Sofía. Y esto, la Sagrada Familia.

¿Qué prefieres?   ☐ Ir a Madrid.
                   ☐ Ir a Barcelona.

Querido cliente:

¡Enhorabuena! Ha ganado usted uno de los
viajes que sorteamos.

MADRID

Visita de la ciudad en autocar.

Visita al Museo del Prado o al Reina Sofía.

Excursión a Toledo o al Monasterio de El Escorial.

Entrada al Teatro de la Zarzuela o corrida de toros.

BARCELONA

Visita de la ciudad en autocar.

Excursión a la Costa Brava o al Monasterio cisterciense de Poblet.

Visita al Museo Picasso o a la Sagrada Familia.

Concierto en el Palau de la Música o partido de fútbol.

2 Tus intereses

Escribe los nombres de los tres lugares o actividades que más te interesan.

En primer lugar _____
Y también _____ y _____

Habla con tus compañeros. Utiliza estas expresiones:

● Yo quiero visitar _____, _____ y _____
○ Yo, también.
■ Pues yo, _____

9 gente de vacaciones

❶ Tus vacaciones

Actividades

A ¿Qué haces normalmente en vacaciones? Márcalo en los cuadros.

B ¿Quieres decírselo a tus compañeros?

● Yo, en invierno, voy con la familia a la montaña.

 ☐ solo/a

 ☐ con los amigos

☑ con la familia

 ☐ en viajes organizados

 ☐ con mi novio/a

 ☐ en coche

 ☑ en avión

 ☐ en tren

☐ en bicicleta

 ☐ en moto

 ☐ a la montaña

 ☐ a países o ciudades diferentes

 ☑ a la playa

 ☐ en primavera

 ☑ en verano

 ☐ en otoño

 ☐ en invierno

❷ Las vacaciones de Clara, de Isabel y de Toni

Clara y la prima Ester, preparadas para un paseo en bici. Los del jardín son tía Julia y tío Andrés.

Verano del 93, fiestas del pueblo, preparados para ir a bailar. Isabel con su novio y unos amigos.

Camping de Malgrat, verano de 1993, Toni y unos amigos suizos.

Actividades

A Mira estas fotos y habla con tus compañeros. Responde a las preguntas:
- ¿Dónde están Clara, Isabel y Toni?
- ¿Con quién?

B Ahora vas a oír tres conversaciones. Clara, Isabel y Toni hablan de sus vacaciones. Dicen muchas cosas. Tú sólo tienes que hacer una cosa: saber quién habla en cada conversación. Completa:

Conversación nº

Isabel _____

Clara _____

Toni _____

32

Treinta y dos

❸ Se busca compañero de viaje

¿ERES AVENTURERO? ¿TE INTERESA LATINOAMÉRICA?

Tenemos dos plazas libres para un viaje a Nicaragua y Guatemala.

AVIÓN + JEEP

Interesados, llamar al 4631098.

Estás preparando tus vacaciones. Has encontrado estos tres anuncios. Son tres viajes muy diferentes.

¿Te interesan: la historia, la cultura, las costumbres de otros pueblos?

Plaza libre en viaje organizado a Andalucía. Avión ida y vuelta a Sevilla. Viaje en autocar a Granada y Córdoba. Visitas con guía a todos los monumentos. Muy barato. Llamar al 4867600.

• • • •

Actividades

A ¿Te interesa alguno de estos anuncios? Vas a hablar con tu compañero. Pero antes tienes que prepararte. Elige alguna de estas frases para poder expresar tus preferencias y explicar los motivos:

PREFERENCIAS:
A mí me interesa...
- el viaje a Latinoamérica.
- el apartamento en Tenerife.
- el viaje a Andalucía.

MOTIVOS:
Me gusta...
- la aventura.
- conocer otras culturas.
Me gustan...
- los viajes organizados.
- las vacaciones tranquilas.
Quiero...
- visitar Centroamérica.
- conocer Andalucía.

B Ahora puedes hablar con tus compañeros:

● A mí me interesa el apartamento en Tenerife. Me gustan las vacaciones tranquilas.
○ Pues a mí me interesa el viaje a Centroamérica porque quiero conocer Nicaragua.

SOL, MAR Y TRANQUILIDAD

Ocasión: apartamento muy barato en Tenerife. 1-15 de agosto. Para 5 personas. Muy cerca de la playa. Viajes Solimar. Tlf. 4197654

① Un típico pueblo español

Mira la imagen y lee el texto. ¿Sabes qué nombre tiene cada lugar?
Escríbelo en el recuadro correspondiente.

En un pueblo español suele haber una calle que se llama Calle Mayor y una plaza que se llama Plaza de España. En el centro, generalmente en la Plaza de España, están el ayuntamiento y la iglesia. En casi todos los pueblos hay escuela y oficina de correos, pero no todos tienen estación de ferrocarril o farmacia; actualmente en casi todos hay también una oficina de una Caja de Ahorros o un banco, y un ambulatorio de la seguridad social. Y siempre hay un bar o una cafetería (o más) y un supermercado.

② ¿Quién puede escribir más frases?

Trabajad en parejas: escribid frases sobre el pueblo del dibujo. Sólo valen las frases ciertas y correctas. La pareja que más frases escriba, gana.

③ ¿Qué hay en el pueblo?

Habla con tu compañero sobre el dibujo. Puedes hacerle preguntas como éstas:

- ¿Hay supermercado en el pueblo?
- ¿Cuántas farmacias hay en el pueblo?
- ¿Cuántos bares hay?
- ¿Dónde está la escuela?

QUÉ HAY Y DÓNDE ESTÁ

En el pueblo **hay** un supermercado.

El supermercado **está** en la Calle Mayor.

La iglesia y el ayuntamiento **están** en el centro.

	ESTAR
(yo)	estoy
(tú)	estás
(él, ella, usted)	está
(nosotros, nosotras)	estamos
(vosotros, vosotras)	estáis
(ellos, ellas, ustedes)	están

HAY

	Singular
	Hay una farmacia.
	No hay escuela.
HAY	
	Plural
	Hay dos farmacias.
	Hay varias farmacias.

Y, NI, TAMBIÉN, TAMPOCO

En el pueblo **hay** un hotel **y** dos bares.
También hay un casino.

En el pueblo **no hay** cine **ni** teatro.
Tampoco hay farmacia.

YO/A MÍ: DOS CLASES DE VERBOS

	QUERER
(yo)	quiero
(tú)	quieres
(él, ella, usted)	quiere
(nosotros, nosotras)	queremos
(vosotros, vosotras)	queréis
(ellos, ellas, ustedes)	quieren

	GUSTAR
(a mí)	me gusta
(a ti)	te gusta
(a él, ella, usted)	le gusta
(a nosotros, nosotras)	nos gusta
(a vosotros, vosotras)	os gusta
(a ellos, ellas, ustedes)	les gusta

Me gusta { viajar en tren. / este pueblo.

Me gustan los pueblos pequeños.

¿Os interesa este viaje?
A mí no mucho.
Pues a mí muchísimo.

---

4 Tu barrio
Anota en una lista las cosas que hay en tu barrio y las que no hay; luego, explícaselo a tus compañeros.

Hay: - 2 bares
- 3 farmacias
No hay: - parques
- cines

● En mi barrio hay dos bares y tres farmacias. Pero no hay parques ni cines.

5 Tus compañeros: sus vacaciones
Haz una lista con las cosas y servicios que hay en el lugar de vacaciones de uno de tus compañeros.

● ¿Dónde pasas normalmente tus vacaciones?
○ En un camping, en Mallorca.
● ¿Hay pistas de tenis?
○ Sí.
● ¿Y piscina? ¿Hay piscina?
○ No, piscina no hay.

hotel
apartamento
camping

piscina	pista de tenis
sauna	discoteca
supermercado	peluquería

6 Gente joven de vacaciones
Estos amigos están hablando de las vacaciones. Coinciden bastante en sus gustos. Antes de escucharlos, imagínate lo que les gusta:

- ¿Ir a otros países? ¿Conocer gente?
- ¿Ir solos o en viajes organizados? ¿A hoteles, a albergues, a campings...?

● Normalmente les gusta ir a campings.
○ Sí, no les gustan los viajes organizados.

Ahora, escuchad la grabación. Comparad lo que dicen con lo que habéis dicho vosotros.
¿Qué razones dan para justificar sus preferencias?

❶ Vacaciones en grupo

Marca tus preferencias entre las siguientes posibilidades.

Viaje:	☐ en coche particular	Alojamiento:	☐ hotel
	☐ en tren		☐ camping
	☐ en avión		☐ caravana
	☐ en autostop		☐ albergue de juventud

Lugar:	☐ playa	Intereses:	☐ naturaleza
	☐ montaña		☐ deportes
	☐ campo		☐ monumentos
	☐ ciudad		☐ museos y cultura

Formula tus preferencias:

● A mí me interesan los museos y la cultura. Por eso quiero ir a visitar una ciudad. Quiero ir en coche particular y alojarme en un hotel.

Escucha lo que dicen tus compañeros. Anota los nombres de los que tienen preferencias más próximas a las tuyas.

❷ Morillo de Tou o Yucatán

En primer lugar, formáis grupos según los resultados del ejercicio anterior.
Para vuestras vacaciones en grupo podéis elegir una de estas dos opciones.
Leed los anuncios.

CENTRO DE VACACIONES

Morillo de Tou

Pueblo del siglo XVIII, abandonado en los años 60 y rehabilitado en los 80 por CC. OO. de Aragón.

Instalaciones: centro social, en la antigua iglesia del pueblo (gótico cisterciense, restaurada), bar-restaurante, piscina, 4 posibilidades de alojamiento: camping con caravanas, albergues-residencia, casas de pueblo rehabilitadas para alojamiento y hostal.

A 4 Km., la ciudad de Aínsa, conjunto histórico-artístico: castillo, murallas, iglesia románica del s. XII.

A 50 Km., el Parque Nacional de Ordesa: deportes de montaña y esquí.

Playas de Cancún (México)

Un fabuloso y exótico viaje de tres semanas a la península de Yucatán.

Vuelo en Aeroméxico, Madrid-México D.F.- Cancún. Alojamiento en Cancún: apartamentos u hotel con instalaciones deportivas. Visita a los monumentos de la cultura maya (siglos VI-X de nuestra era): Pirámide de El Castillo, Observatorio astronómico de El Caracol, Pirámide de El Adivino.

Información de interés:

La península de Yucatán está en el Sur de México. El clima es semi-tropical. Entre junio y septiembre, las lluvias intermitentes provocan un calor húmedo. Temperaturas entre 20 y 28 grados en enero, y entre 24 y 33 en agosto. Las carreteras entre las playas turísticas y los monumentos mayas son buenas, y el viaje es rápido. Los hoteles y muchas agencias organizan excursiones a estos lugares, pero también es posible alquilar un coche, por unos 65 dólares EE.UU. diarios.

OS SERÁ ÚTIL...

- Yo prefiero ir en junio, porque hago mis vacaciones en verano.
○ Yo, en diciembre.

- A mí me gusta más ir a un camping.
○ Yo prefiero un hotel.

- Yo quiero { practicar deportes de montaña.
alquilar un coche y hacer una excursión.

PREFERIR

(yo)	prefiero
(tú)	prefieres
(él, ella, usted)	prefiere
(nosotros, nosotras)	preferimos
(vosotros, vosotras)	preferís
(ellos, ellas, ustedes)	prefieren

Preferir como **querer** son irregulares: **e / ie**.

- Yo prefiero el viaje a México. Me interesan mucho los monumentos de la cultura maya.
○ A mí, no. Yo prefiero ir a Morillo de Tou.
■ Yo también prefiero México.
○ Bueno, pues vamos a México.
□ De acuerdo. Vamos a México.

Debéis poneros de acuerdo sobre:
– las fechas,
– el alojamiento,
– las actividades.

❸ **El plan de cada grupo**
Cada grupo explica a la clase la opción que ha elegido y las razones de su elección.

Nuestro plan es	ir a ___Cancún___
	salir el día ___Enero___ y regresar el día _____
Queremos	alojarnos en _____
	pasar un día / X días en _____
Preferimos	visitar / estar en _____
... porque	a _____ le gusta/interesa mucho visitar _____
	nos gusta/interesa _____

1 Una agencia de publicidad ha elaborado este anuncio. Escúchalo y léelo.

(come too meet (visit))

VEN A CONOCER CASTILLA Y LEÓN

Sus ciudades, llenas de historia y de arte: Ávila y sus murallas, Salamanca y su universidad, Segovia y su acueducto; León, Burgos: sus catedrales góticas. Ven a pasear por sus calles y visitar sus museos.

El campo castellano: la Ruta del Duero, el Camino de Santiago. Sus castillos: Peñafiel, La Mota. Sus monasterios: Silos, Las Huelgas. Pueblos para vivir y para descansar. *(rest)*

Castilla y su gente: ven a conocernos.

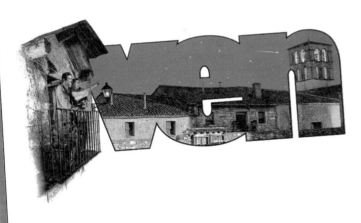

Ven a conocer
Castilla y León

Castilla y León

¿Por qué no elaboráis en grupos anuncios parecidos a éste sobre vuestras ciudades? Escribid el texto y el slogan, y pensad qué imágenes podéis utilizar. Luego, elegid el que más os guste.

2 Uno de vosotros elige un nombre que figure en el mapa y pregunta dónde está. Si alguien lo sabe, gana un punto. Al final gana quien más puntos ha obtenido. Si los compañeros no lo encuentran, da pistas como:

Es		Está		Está	
	un río.		al Norte.		cerca de...
	un lago.		al Sur.		lejos de...
	una ciudad.		al Este.		
	una montaña.		al Oeste.		
	una isla.		en el centro.		

(handwritten annotations in margins: "N W E S", "(no está) (near) cerca de / (is not) lejos de (far)", "near / far", "es la capital de / is the capital of")

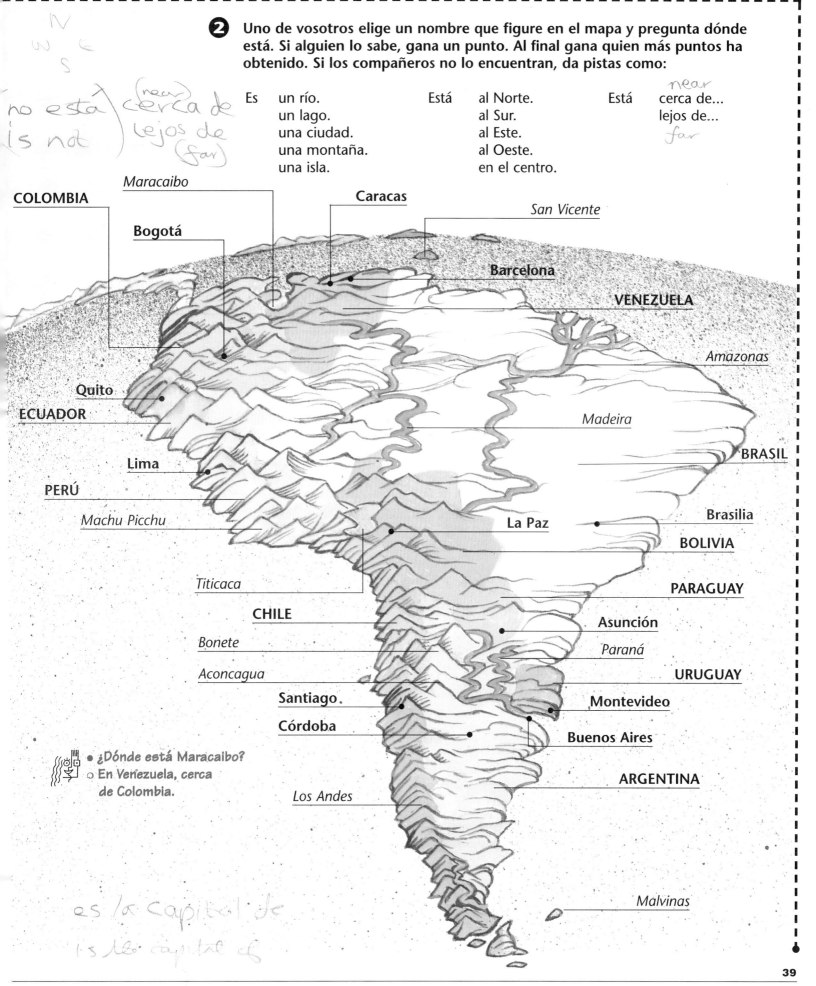

• ¿Dónde está Maracaibo?
○ En Venezuela, cerca de Colombia.

Vamos a buscar regalos adecuados para algunas personas. Aprenderemos a:

✔ describir y valorar objetos,
✔ ir de compras.

gente **de compras**

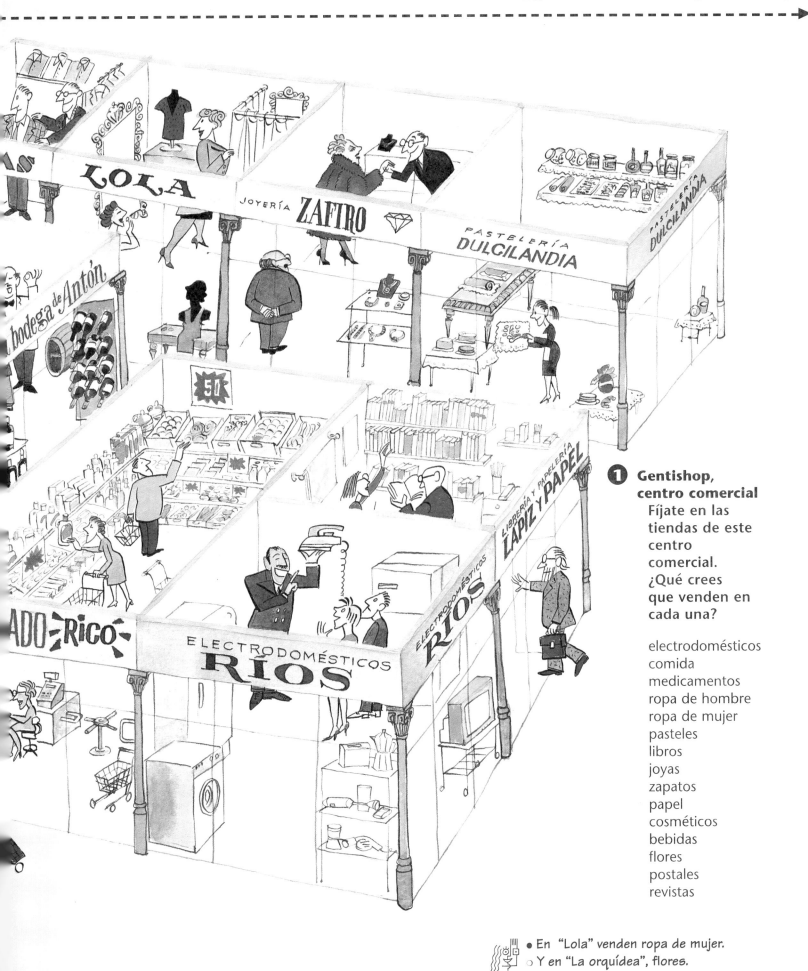

1 **Gentishop, centro comercial**
Fíjate en las tiendas de este centro comercial. ¿Qué crees que venden en cada una?

electrodomésticos
comida
medicamentos
ropa de hombre
ropa de mujer
pasteles
libros
joyas
zapatos
papel
cosméticos
bebidas
flores
postales
revistas

● En "Lola" venden ropa de mujer.
○ Y en "La orquídea", flores.

41

1 La lista de Daniel

Contexto

Daniel tiene que hacer muchas compras y va al centro comercial Gentishop. Además, Lidia, su novia, cumple 30 años y él quiere darle una sorpresa. Lleva una lista para no olvidar nada.

2 botellas de cava
americana *Smart sachet*
espuma de afeitar *shaving foam*
aspirinas
desodorante
pilas *batteries*
cinta de vídeo *video tape*
comida para el gato *catfood*
calcetines *socks*
sobres *envelops*
periódico *newspaper*
regalo para Lidia *present for her*
(¿un pañuelo? ¿un reloj?) *scarf*
pastel de cumpleaños
flores *flowers*

Actividades

A ¿A qué tiendas tiene que ir Daniel? Señálalo con cruces.

- ☐ a una librería
- ☐ a una perfumería
- ☒ a una papelería — p a p e l e r i a
- ☐ a un quiosco (newsagents) *negartus*
- ☒ a un supermercado
- ☒ a una tienda de ropa de hombre
- ☒ a una tienda de ropa de mujer
- ☐ a una tienda de deportes
- ☒ a una bodega
- ☒ a una farmacia
- ☒ a una pastelería

- ☐ a una joyería
- ☒ a una floristería
- ☐ a una tienda de electrodomésticos
- ☐ a una tienda de muebles

B ¿Y tú? ¿Tienes que comprar algo hoy o mañana? Haz una lista. Puedes usar el diccionario o preguntar al profesor.

C ¿En qué tiendas de Gentishop puedes hacer tus compras? Explícalo a tus compañeros.

 • **Yo tengo que ir a la farmacia.
Necesito aspirinas.**

➋ Las compras de Daniel

How much is it?

A veces comprar no es nada fácil. Hay que buscar, elegir, pagar... Hoy Daniel tiene algunos problemas.

A c t i v i d a d e s

A 🎧 Escucha las conversaciones y di en cuáles hace estas cosas.

Daniel: en las conversaciones nº...

- pregunta el precio
- busca un regalo para su novia
- se prueba una americana
- se compra algo para él
- va a pagar

B Mira el ticket de la compra de Daniel. ¿Qué cosas te parecen caras o baratas?

- La espuma es muy barata.
- Sí, mucho.
- En cambio, el reloj es un poco caro.
- Sí, un poco.

Al final, Daniel compra todo esto:

```
* G E N T I S H O P *
Gracias por su visita
2 botellas de cava...................4.000 pts.
americana .........................15.000 pts.
espuma de afeitar...................300 pts.
tubo de aspirinas...................250 pts.
bolsa de comida para gatos.........3.800 pts.
pastel de cumpleaños...............1.700 pts.
1 orquídea.........................900 pts.
reloj .............................89.000 pts.
```

❶ ¿Cuánto cuesta?

El profesor va a leer algunos de estos precios. Trata de identificarlos y señálalos con una cruz.

- ☐ 58 dólares
- ☐ 1.400 marcos
- ☐ 37.630 liras
- ☐ 14.624 pesos

- ☐ 100 francos
- ☐ 4.246 pesos
- ☐ 70 dólares
- ☐ 111 libras

- ☐ 200 francos
- ☐ 892 pesetas
- ☐ 5.709 pesetas
- ☐ 14.000 marcos

- ☐ 30.706 liras
- ☐ 28 dólares
- ☐ 205 francos
- ☐ 950 pesetas

❷ Cien mil millones

Fíjate en esta serie del 3. Cada pareja hace una serie con otro número. Después, la lee y el resto de la clase la escribe.

3	tres
33	treinta **y** tres
333	tres**cientos** treinta **y** tres
3.333	tres **mil** tres**cientos** treinta **y** tres
33.333	treinta **y** tres **mil** tres**cientos** treinta **y** tres
333.333	tres**cientos** treinta **y** tres **mil** tres**cientos** treinta **y** tres
3.333.333	tres **millones** tres**cientos** treinta **y** tres **mil** tres**cientos** treinta **y** tres

❸ ¿Éste?

Piensa en uno de estos relojes, sólo en uno, en el que más te guste. A ver si tu compañero lo adivina.

- ● ¿Éste?
- ○ No.
- ● ¿Éste?
- ○ ¡No...!
- ● Pues éste.
- ○ ¡Sí...!

❹ ¿Tienes ordenador?

Arturo es el típico "consumista". Le gusta mucho comprar y tiene todas estas cosas. ¿Y tú? Señala cuáles de estas cosas no tienes.

ordenador	bicicleta	microondas
lavavajillas	tienda de campaña	esquís
cámara de vídeo	moto	lavadora
CD-ROM	patines	teléfono móvil

¿Necesitas alguna de estas cosas? Coméntalo con tus compañeros.

- ● Yo no tengo ordenador pero quiero comprarme uno.
- ○ Yo sí tengo ordenador.
- ■ Yo también.

TENER

(yo)	**tengo**
(tú)	**tienes**
(él, ella, usted)	**tiene**
(nosotros, nosotras)	**tenemos**
(vosotros, vosotras)	**tenéis**
(ellos, ellas, ustedes)	**tienen**

- ● ¿Tienes coche?
- ○ Sí, tengo **un** Seat Toledo.

DEMOSTRATIVOS

Señalamos sin referencia a su nombre:

esto

Señalamos con referencia a su nombre:

éste
ésta
éstos
éstas

Mencionamos el nombre del objeto:

este jersey
esta cámara
estos discos
estas camisetas

DE 100 A 1.000

100 - cien
200 - doscientos/as
300 - trescientos/as
400 - cuatrocientos/as
500 - quinientos/as _ke_
600 - seiscientos/as _seys sehs_
700 - setecientos/as
800 - ochocientos/as
900 - novecientos/as
1.000 - mil

MONEDAS Y PRECIOS

un dólar   una peseta
un marco   una lira
un florín   una libra
un peso   una corona

● ¿Cuánto **cuesta** esta camisa?
○ Doscient**as** pesetas.

● ¿Cuánto **cuestan** estos zapatos?
○ Doscient**os** dólares.

TENGO QUE IRME _I have to go_

NECESIDAD U OBLIGACIÓN

I have to

TENER	QUE	Infinitivo
Tengo		ir de compras.
Tienes	que	llevar corbata.
Tiene		trabajar.
...		

y conjugated temprano (e only)

COLORES

blanc**o/a**   azul   verde
amarill**o/a**   gris   rosa
roj**o/a**   marrón   naranja
negr**o/a**

UN/UNA/UNO

Primera mención:

● Quiero
{ un libro.
  una cámara.
  unos esquís.
  unas botas.

_Ya sabemos a qué nombre
nos referimos:_

○ Yo también quiero
{ uno.
  una.
  unos.
  unas.

5 **Ropa adecuada**

Estas personas van a diferentes sitios. ¿Qué crees que tienen que
ponerse? Escríbelo y luego discútelo con tus compañeros.

MARÍA
Va a una
reunión de
trabajo.

PABLO
Va a
una
discoteca.

JUAN
Va a casa de
unos amigos
en el campo.

ELISA
Va a un
restaurante
elegante.

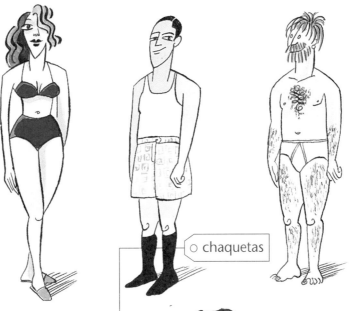

○ chaquetas

○ pantalones

○ camisas

○ falda

○ vestido

○ zapatos

camiseta ○

jersey ○

○ cazadoras

serio/a
clásico/a
informal
juvenil
elegante

 María ⟶ el vestido rojo.

● Yo creo que María tiene que ponerse el vestido rojo.
○ No... Es demasiado elegante. Mejor
  unos pantalones.
■ Sí, mejor.

❶ Una fiesta

Vamos a imaginar que nuestra clase organiza una fiesta.
Decidid en pequeños grupos qué tenéis, qué necesitáis, cuánto queréis gastar en cada cosa (en la moneda del país donde estáis) y quién se encarga de cada cosa. Podéis añadir otras cosas a la lista.

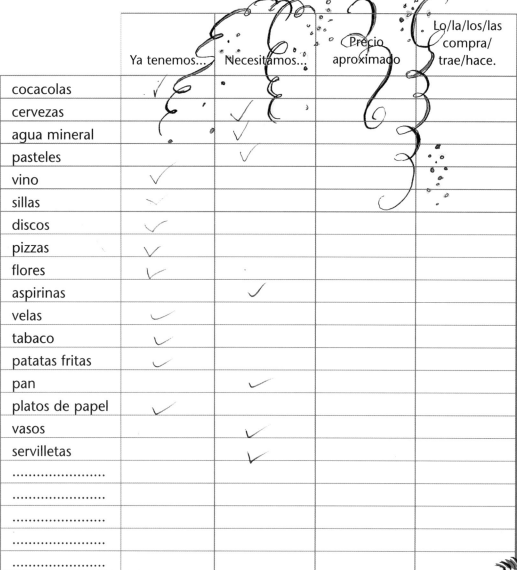

	Ya tenemos...	Necesitamos...	Precio aproximado	Lo/la/los/las compra/ trae/hace.
cocacolas	✓			
cervezas		✓		
agua mineral		✓		
pasteles		✓		
vino	✓			
sillas	✓			
discos	✓			
pizzas	✓			
flores	✓			
aspirinas		✓		
velas	✓			
tabaco	✓			
patatas fritas	✓			
pan		✓		
platos de papel	✓			
vasos		✓		
servilletas		✓		
....				
....				
....				
....				
....				

- ¿Necesitamos sillas?
- No, yo tengo sillas.
- ¿Y platos de papel?
- Tampoco. Puedo traerlos yo.
- Vale.

---

❷ Premios para elegir

En un sorteo de la galería comercial Gentishop te han tocado tres premios. Puedes elegir entre estas cosas para ti o para un familiar o amigo. ¿Qué eliges? ¿Para quién? ¿Por qué? Explícaselo a tus compañeros.

● Yo, el sofá, la botella de coñac y el teléfono móvil. El teléfono móvil para mi mujer porque necesita uno...

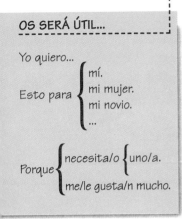

OS SERÁ ÚTIL...

Yo quiero...

Esto para {
mí.
mi mujer.
mi novio.
...
}

Porque {
necesita/o { uno/a.
me/le gusta/n mucho.
}

❸ ¿Qué le regalamos?

Estos amigos buscan un regalo para alguien. Haz una lista con las cosas que proponen.

CONVERSACIÓN A

CONVERSACIÓN B

¿Qué crees que deciden comprar?

❹ Felicidades

En parejas, tenéis que elegir regalos de cumpleaños para cuatro compañeros de clase. Tenéis que pensar también cuánto cuestan, más o menos.

Nosotros le queremos comprar ___una chaqueta___ a ___Hans___
porque ___le gusta mucho la ropa___
Cuesta unos/unas ___20.000 ptas.___

❺ De compras

En grupos, representaremos una escena de compras de nuestros regalos. Antes, cada grupo se prepara.

FELIZ NAVIDAD

Cada país, cada cultura, tiene costumbres propias respecto a los regalos. En España, por ejemplo, los regalos de Navidad los traen los tres Reyes Magos: Melchor, Gaspar y Baltasar vienen de Oriente en sus camellos y llegan a todos los pueblos y ciudades españolas la noche del día 5 de enero. Los niños les escriben cartas y les piden lo que quieren.

En los últimos años, en la noche del 24 de diciembre (la Nochebuena) también llega a algunas casas españolas Papá Noel.

5 de enero de

Queridos Reyes Magos:

Estas Navidades quiero para mí una ~~muñeca~~ muñeca muy grande, que se llama Virginia, la que sale en la Televisión. También quiero unos patines en línea como los de mi hermano Javier. Y otra cosa: un ordenador de juguete Playgentix.

Para mi papá, lo mejor es un coche ~~huevo~~ nuevo. Y para mamá, una tele. Tenemos tele pero ella quiere una para su habitación.

Para mi hermano Javi, mucho carbón, que es muy malo.

Y para los abuelitos, un apartamento en Benidorm.

Muchos besos para los tres y muchas gracias.

Tina

1 ¿Y tú? ¿Por qué no escribes tu carta a los Reyes?

2 En todas las culturas hacemos regalos, pero a lo mejor elegimos cosas distintas para las mismas situaciones. Completa este cuadro y coméntalo con tus compañeros.

En España, cuando...	En mi país...
... nos invitan a comer a casa unos amigos, llevamos vino o pasteles.	
... es el cumpleaños de un familiar, le regalamos ropa, colonia, un electrodoméstico...	
... queremos dar las gracias por un pequeño favor, regalamos un disco, un libro, un licor...	
... se casan unos amigos, les regalamos algo para la casa o dinero.	
... visitamos a alguien en el hospital, le llevamos flores, un libro...	

17 18 19 20

En esta unidad vamos a elaborar una guía para vivir 100 años en forma. Aprenderemos a:

✔ informar sobre nuestros hábitos diarios, relativos a la salud, y valorarlos,

✔ recomendar actividades físicas y alimentos.

gente

en forma

1 **Para estar en forma**

En esta lista hay unas costumbres buenas para estar en forma y otras malas. ¿Cuáles tienes tú? Marca dos buenas y dos malas. Después, cuéntaselo a dos de tus compañeros. Puedes añadir algunas cosas que haces y que no están en la lista.

✓Duermo poco. *(little sleep)*
✗Voy en bici.
✓Como pescado a menudo. *often*
✗Trabajo demasiadas horas.
✓Bebo mucha agua.
✓Como mucha fruta.
✗Ando poco.
✗Fumo.
　No bebo alcohol.
✗Tomo demasiado café.
　No tomo medicamentos.
　Como poca fibra.
　Hago yoga.
　No hago deporte.
　Juego al tenis.
　Como muchos dulces. *(sweets)*
　Estoy mucho tiempo sentado/a. *sit down*
　Como mucha carne. *meat*
　No tomo azúcar. *sugar*
　Como sólo verduras. *veg*
　_____
　_____

● Yo voy en bici y no bebo alcohol, pero duermo poco y como mucha carne.
○ Pues yo tampoco bebo alcohol. Y hago yoga. Pero estoy mucho tiempo sentada y como poca fibra.
■ Yo hago gimnasia y como muchas verduras. Pero fumo y trabajo demasiado.

51

1 El cuerpo en movimiento

Mantenerse en FORMA

Una buena dieta es fundamental para estar en forma y el ejercicio físico es el complemento ideal: ayuda a perder peso y mantiene el tono de los músculos.

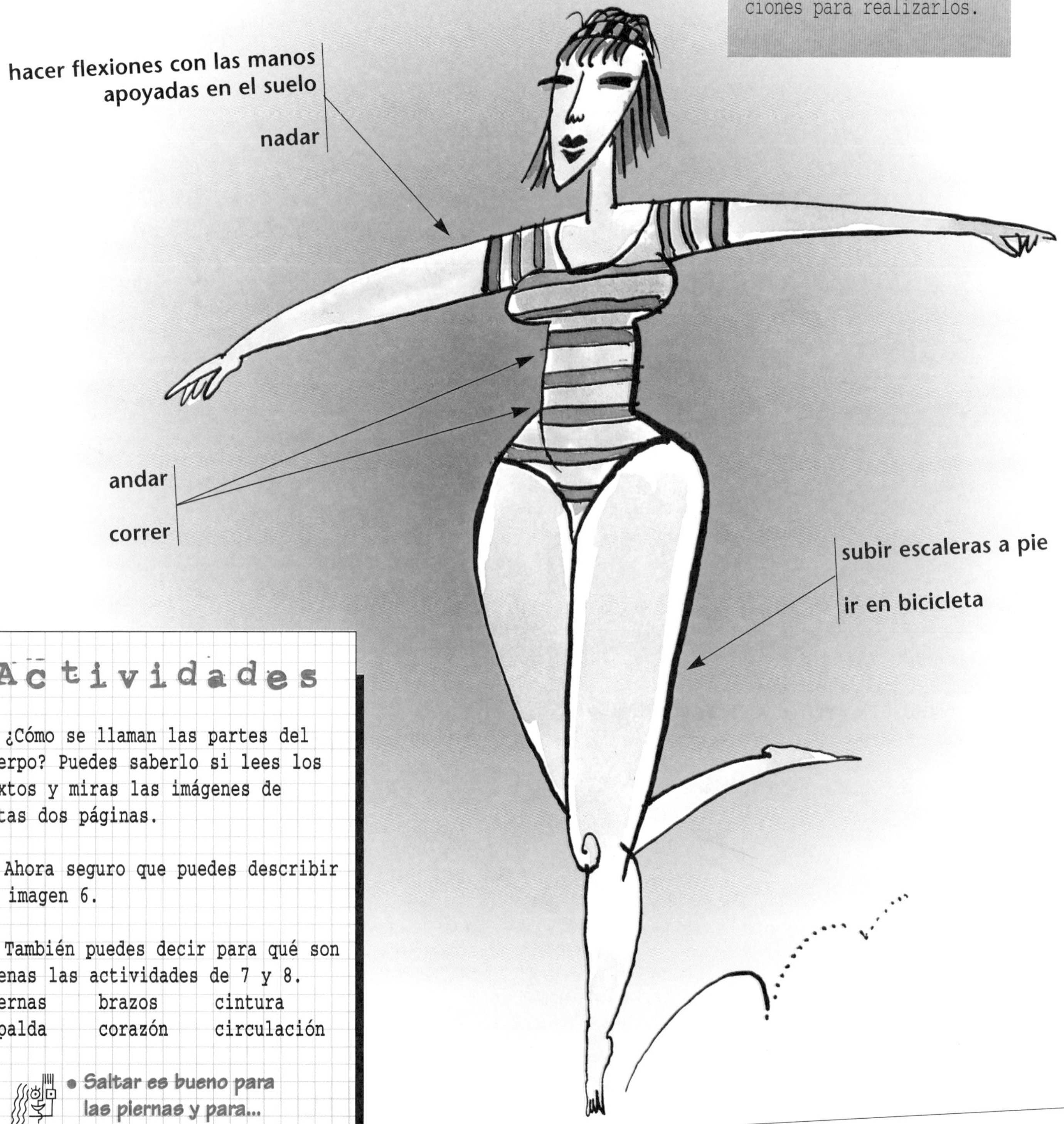

Ésta es la página de salud del suplemento semanal de un periódico. En ella hay información sobre ejercicios físicos para estar en forma e instrucciones para realizarlos.

hacer flexiones con las manos apoyadas en el suelo

nadar

andar

correr

subir escaleras a pie

ir en bicicleta

Actividades

A ¿Cómo se llaman las partes del cuerpo? Puedes saberlo si lees los textos y miras las imágenes de estas dos páginas.

B Ahora seguro que puedes describir la imagen 6.

C También puedes decir para qué son buenas las actividades de 7 y 8.

piernas   brazos   cintura
espalda   corazón   circulación

• Saltar es bueno para las piernas y para...

Es muy FÁCIL

No es necesario recurrir a la práctica de deportes complicados y sofisticados: los ejercicios más simples son los más recomendables y los más efectivos. Cada uno puede practicar en su casa actividades como éstas:

6)

1) De pie, las piernas abiertas, las dos manos juntas detrás de la cabeza. Girar el cuerpo a derecha e izquierda.

2) Sentados, las piernas juntas, las dos manos juntas detrás de la cabeza. Girar el cuerpo a derecha e izquierda y tocar las rodillas con los codos.

3) Las manos apoyadas en el suelo, las piernas juntas, todo el cuerpo recto. Doblar los codos, tocar el suelo con la frente, y volver a la posición original.

7) Bailar

4) Sentarse en el suelo, abrir las piernas, doblar un poco las rodillas. Juntar las manos, estirar los brazos y tocar el suelo con las manos.

5) Con las manos, la espalda y la cabeza apoyadas en el suelo, estirar y levantar las piernas, hasta subir los pies enfrente de los ojos.

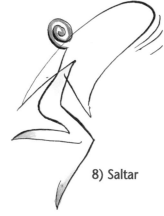

8) Saltar

② ¿Hacen deporte los españoles?

Contexto

La radio ha salido a la calle. Quieren saber si los españoles hacen deporte. Preguntan a las personas que pasan por allí.

Actividades

A 🎧 Escucha las entrevistas. Según esta encuesta, ¿hacen mucho deporte los españoles?

☐ mucho
☐ bastante
☐ no mucho

B Ahora hazle la entrevista a tu compañero. Luego explicaréis al resto de la clase:
- las cosas que hacéis los dos,
- las cosas que sólo hace cada uno de vosotros.

- **Los dos jugamos al tenis.**
- **Y los dos vamos en bici.**
- **Y él/ella juega al fútbol, pero yo no.**

❶ Causas del estrés

El estrés no ayuda nada a estar en forma. Tiene muchas causas y síntomas. Algunos están en esta lista. Hazle una encuesta a tu compañero y anota las respuestas que te da.

- ☑ Comer cada día a una hora distinta.
- ☑ De vacaciones o durante el fin de semana, pensar frecuentemente en asuntos del trabajo.
- ☑ Ir siempre deprisa a todas partes.
- ☐ Desayunar de pie y haciendo otras cosas al mismo tiempo.
- ☑ Ponerse nervioso en los atascos de tráfico.

- ☒ Ir inmediatamente al médico ante cualquier síntoma.
- ☒ Dormir menos de 7 horas al día.
- ☐ Leer mientras comes.
- ☑ Discutir frecuentemente con la familia, con los amigos o con los colegas.
- ☐ No levantarse y acostarse cada día a la misma hora.

● ¿Comes cada día a una hora distinta?
○ No, siempre como a la misma hora.

¿Crees que tu compañero puede sufrir estrés? ¿Por qué?

❷ Malas costumbres para una vida sana

Escucha lo que dicen las personas en estas entrevistas de la radio y anota lo que hacen. ¿Qué consejo le damos a cada una?

A

¿Usted cree que lleva una vida sana?

¿Yo...? No mucho.

B

Como mucha verdura, no fumo, no tomo mucho café...

Cada día doy un paseo de una hora.

C

PRESENTES REGULARES E IRREGULARES

Regulares:

HABLAR	COMER	VIVIR
hablo	como	vivo
hablas	comes	vives
habla	come	vive
hablamos	comemos	vivimos
habláis	coméis	vivís
hablan	comen	viven

Irregulares:

DORMIR	DAR	IR	HACER
duermo	**doy**	**voy**	**hago**
duermes	das	**vas**	haces
duerme	da	**va**	hace
dormimos	damos	**vamos**	hacemos
dormís	dais	**vais**	hacéis
duermen	dan	**van**	hacen

Como **dormir**: jugar, poder, acostarse...
u / ue   o / ue

LA FRECUENCIA

siempre
muchas veces
de vez en cuando
nunca

¿No comes carne?

No, no como nunca.

Nunca voy al gimnasio por la tarde.
No voy **nunca** al gimnasio por la tarde.

los { lunes, martes, miércoles, jueves, viernes, sábados, domingos

los fines de semana

todos los días
todas las semanas

VERBOS REFLEXIVOS

			LEVANTARSE
Me	levanto	**Nos**	levantamos
Te	levantas	**Os**	levantáis
Se	levanta	**Se**	levantan

Son verbos reflexivos: acostar**se**, dormir**se**, despertar**se**, duchar**se**...

Tengo que levantar**me** a las seis.
Hay que levantar**se** pronto.
No queremos levantar**nos** tarde.
Podéis levantar**os** a las 9h.

LA CUANTIFICACIÓN

Duermo **demasiado**.
Estás **demasiado** delgada.

Trabajo demasiado.

Come
- **demasiado** chocolate.
- **demasiada** grasa.
- **demasiadas** patatas.
- **demasiados** dulces.

Estás **muy** delgada.
Trabaja **mucho**.

Tiene **mucha** experiencia.
  mucho trabajo.
Trabaja **muchas** horas.
  muchos domingos.

RECOMENDACIONES Y CONSEJOS

Personal:
No descansas bastante. **Tienes que** dormir **más**.
Estás muy gordo. **Tienes que** comer **menos**.

Impersonal:

Hay que
Es necesario
Es bueno
Es importante
} hacer ejercicio.

---

3 **La cabeza, el pie, la boca...**

Un alumno da la orden y el resto la sigue. Otro alumno modifica la postura con una nueva orden, y así sucesivamente. El que se equivoca, queda fuera. Gana el último.

> tocarse (con **la** mano): **el** pie, **la** cabeza, **la** espalda
>
> doblar: **las** rodillas, **el** codo, **la** cintura
>
> estirar: **los** brazos, **las** piernas
>
> abrir/cerrar: **la** mano, **la** boca
>
> levantar/bajar: **el** brazo derecho

- **Tocarse la cabeza con la mano derecha y abrir la boca.**
○ Cerrar la boca y tocarse la cabeza con la mano izquierda.
■ **Levantar la rodilla derecha y estirar los brazos hacia delante.**

¿EL PIE DERECHO O EL IZQUIERDO?

4 **Más ideas para estar en forma**

Escribe con un compañero una lista de consejos. ¿Cuál es la pareja que tiene la lista más larga?

to be thinner

- Si quieres
- Para

If you want

estar más delgado/adelgazar,

estar en forma,

engordar/estar más gordo,

estar más fuerte,

estar más ágil,

mantenerte joven,

See P.45

then you have to

tienes que No comer mucho choc... mucho chocolat

es bueno _____

not eat much choc

hacer mas ejercicio

1 Nuestra guía para vivir 100 años en forma

Para vivir 100 años en forma hay que comer bien, hacer ejercicio físico y vivir sin estrés. En otras palabras, son importantes tres cosas:

A: la alimentación sana
B: el ejercicio físico
C: el equilibrio anímico

¿A cuál de estas tres cosas corresponde cada una de las reglas siguientes?
Marca con una X la casilla correspondiente.

	A	B	C
Comer pescado.			
No tomar bebidas alcohólicas.			
Controlar el peso.			
Darle al dinero la importancia que tiene, pero no más.			
Consumir menos y vivir mejor.			
Disfrutar del tiempo libre.			
Llevar una vida tranquila.			
Tener tiempo para los amigos.			
Tener relaciones agradables en la familia y en el trabajo.			
Dar un paseo diario.			
Tener horarios regulares.			
Tomarse las cosas con calma.			
Ir a dormir y levantarse cada día a la misma hora.			

Piensa un poco, y con ayuda del diccionario o de tu profesor, seguro que puedes añadir alguna idea más. Después, muéstrasela a tus compañeros.

2 Vamos a informarnos

¿Qué podemos hacer para llevar una vida sana?
Trabajaremos en grupos de tres. Pero antes, realizaremos una tarea individual de lectura.
Cada miembro del grupo debe tomar un texto de los tres que hay a continuación: lo lee, extrae las ideas principales y completa la ficha.

Texto número: _____   Idea principal: Para llevar una vida

sana es importante..._____

Razones:_____

Formas de conseguirlo:_____

1

EL EJERCICIO FÍSICO

Actualmente en nuestras ciudades mucha gente está sentada gran parte del tiempo: en el trabajo, en el coche, delante de la televisión... Sin embargo, nuestro cuerpo está preparado para realizar actividad física y, además, la necesita. Por eso, conviene hacer ejercicio en el tiempo libre, ya que no lo hacemos en el trabajo.

No es necesario hacer ejercicios físicos fuertes o violentos. El golf, por ejemplo, es un deporte ideal para cualquier edad. Un tranquilo paseo diario de una hora es tan bueno como media hora de bicicleta. Es importante realizar el ejercicio físico de forma regular y constante: todos los días, o tres o cuatro veces por semana.

2 LA ALIMENTACIÓN

Conviene llevar un control de los alimentos que tomamos. Normalmente, las personas que comen demasiado engordan, y estar gordo puede ser un problema; de hecho, en las sociedades modernas occidentales, hay gente que está enferma a causa de un exceso de comida. Para controlar el peso es aconsejable:

- No tomar grasas. Si comemos menos chocolate y menos pasteles, podemos reducir la cantidad de grasa que tomamos. También es bueno comer más pescado y menos carne. El pescado es muy rico en proteínas, y no tiene tantas grasas como la carne o el queso. Para una dieta sana, es aconsejable tomar pescado dos veces por semana, como mínimo. La forma de preparar los alimentos también ayuda a reducir la cantidad de grasas: es mejor comer la carne o el pescado a la plancha que fritos o con salsa.

- Comer frutas y verduras. Las frutas y las verduras contienen mucha fibra, que es muy buena para una dieta sana. La Organización Mundial de la Salud recomienda tomar un mínimo de 400 gramos diarios de frutas y verduras.

3 EL EQUILIBRIO ANÍMICO

El equilibrio anímico es tan importante para una buena salud como el ejercicio físico. Tener un carácter tranquilo es mejor que ser impaciente o violento. Ser introvertido tiene más riesgos que ser extrovertido. Realizar el trabajo con tranquilidad, sin prisas y sin estrés, es también muy importante.

Por otra parte, hay muchos estudios e investigaciones que establecen una relación entre las emociones negativas y la mala salud. La preocupación por las enfermedades y por la muerte contribuye a aumentar las emociones negativas. Ver la vida de forma positiva y evitar los sentimientos de culpabilidad puede ser una buena ayuda para conseguir el equilibrio anímico.

Finalmente, hay que señalar que unos hábitos regulares suponen también una buena ayuda: acostarse y levantarse cada día a la misma hora, y tener horarios regulares diarios para el desayuno, la comida y la cena.

3 El contenido de nuestra guía

Los tres miembros de cada grupo exponen sucesivamente las ideas principales de su texto.
Con esa información, discuten y deciden cuáles son las diez ideas más importantes. Pueden añadir otras.

4 ¿Elaboramos la guía?

Éste será nuestro texto. La introducción ya está escrita. Sólo os falta formular las recomendaciones.

La esperanza de vida es cada vez mayor. Pero no solo es importante vivir más: todos queremos también vivir mejor. Para eso es necesario adoptar costumbres y formas de vida que nos preparen para una vejez feliz. En otras palabras, debemos llevar ahora una vida sana si queremos después vivir en forma. ¿Cómo? Nosotros hemos seleccionado diez consejos. Son éstos:

1 Es conveniente...

2 Hay que...

3 Es bueno...

4 _____

5 _____

6 _____

7 _____

8 _____

9 _____

10 _____

SE LEVANTAN SOLOS

La mitad de los españoles que viven en pareja se levantan solos. Una encuesta sobre cómo usan su tiempo las familias muestra una homogeneidad importante en cuanto a la hora de levantarse, comer y acostarse. Después de la cena, la gran mayoría de los españoles sólo ve la televisión.

porciento

1. LEVANTARSE
La mayoría se levanta a las 8.15 h (54%).
El 25% se levanta después de las 9.00 h.
El 51% lo hace solo y el 22%, en compañía de su pareja.

2. DESAYUNO
A las 8.50 h. (hora media).
El 90% lo toma en casa.
El 52% solo y el 16% con su pareja.

3. ACTIVIDAD MATINAL
El 40% de los hombres va al trabajo.
El 46% de las mujeres hace tareas domésticas.

5. LA TARDE
El 21% ve la televisión.
El 17% vuelve al trabajo y el 19% (de mujeres) recoge la cocina.

4. COMIDA
Se come a las 14.00 h.
El 85% lo hace en casa.

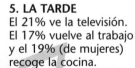

6. CENA
A las 21.30 h.
El 90% cena en casa con la familia.

Los datos corresponden al tipo de familia más común: una pareja con hijos.

7. LA NOCHE
La actividad principal para el 62% es ver la televisión.

8. ESTRÉS
Hacen las cosas con prisa: 35%.
Hacen las cosas con tranquilidad: 65%.

10. EL SUEÑO
Los españoles dedican al sueño un promedio de 8 horas y 18 minutos. Generalmente se acuestan alrededor de las 12 y se levantan alrededor de las 8.

dieciocho

doce

9. OCIO
Comparten su tiempo libre con los amigos.

veintidós

Por sexos:
hombres: 22 %
mujeres: 10 %

cincuenta
veinticinco
once

Por ocupación:
estudiantes: 50%
parados: 25 %
jubilados: 11%

Por edades:
18-29 años: 34%
+ de 50 años: 7%

11. LAS CONVERSACIONES EN FAMILIA
Se concentran en tres grandes temas:
- personales y familiares,
- el dinero,
- el reparto de las tareas domésticas y la hora de llegar a casa.

Apenas hablan sobre política o religión, o del tiempo libre.

12. EL TIEMPO LIBRE
Dicen que no tienen tiempo para...
- hacer más deporte: 25% (hombres: 18%; mujeres: 7%);
- pasear: 8%;
- trabajar: 8% (los que no están en el paro);
- leer: 8%.

El 5% dice que no necesita más tiempo para hacer nada más.

❶ ¿Cómo sería esta información referida a tu país? Trata de imaginarlo y cuéntaselo a tus compañeros.

gente que trabaja

Distribuiremos diferentes trabajos entre un grupo de personas.
Aprenderemos a:

✔ hablar de nuestra vida profesional,
✔ valorar cualidades y aptitudes.

1 **Las profesiones y las cualidades de las personas**
Ésta es la entrada a un edificio comercial y de oficinas. Hay mucha gente que entra y sale: unas personas trabajan aquí, otras vienen a comprar o a la consulta del médico, otras vienen a ver a un abogado, a estudiar idiomas, etc. Mira la imagen y escribe la letra correspondiente delante del nombre de cada profesión. Luego compara tus respuestas con las de dos compañeros.

K ☐ empleado de banca   B ☐ dentista

L ☐ guardia de seguridad   F ☐ arquitecta

A ☐ traductor   E ☐ farmacéutica

Ll ☐ dependienta   G ☐ taxista
    de una tienda   D ☐ profesora

C ☐ abogado   H ☐ albañil

N ☐ ejecutivo   M ☐ pintor

J ☐ mensajero   I ☐ vendedor de coches

● El H es el pintor.
○ No, el pintor es éste. Mira.

¿Qué cualidades crees necesarias para cada uno de estos trabajos? Coméntalas con tus compañeros.

Ser una persona (muy)...
amable / organizada / dinámica / comunicativa...

Estar...
dispuesto a viajar / acostumbrado a trabajar en equipo...

Saber...
escuchar / mandar...
informática / idiomas...

Tener...
mucha experiencia / un título universitario / mucha paciencia / carnet de conducir...

● Para ser un buen abogado hay que tener mucha experiencia.
○ Sí. Y, además, hay que saber escuchar.
■ Yo creo que no. Yo creo que es más importante tener mucha paciencia.

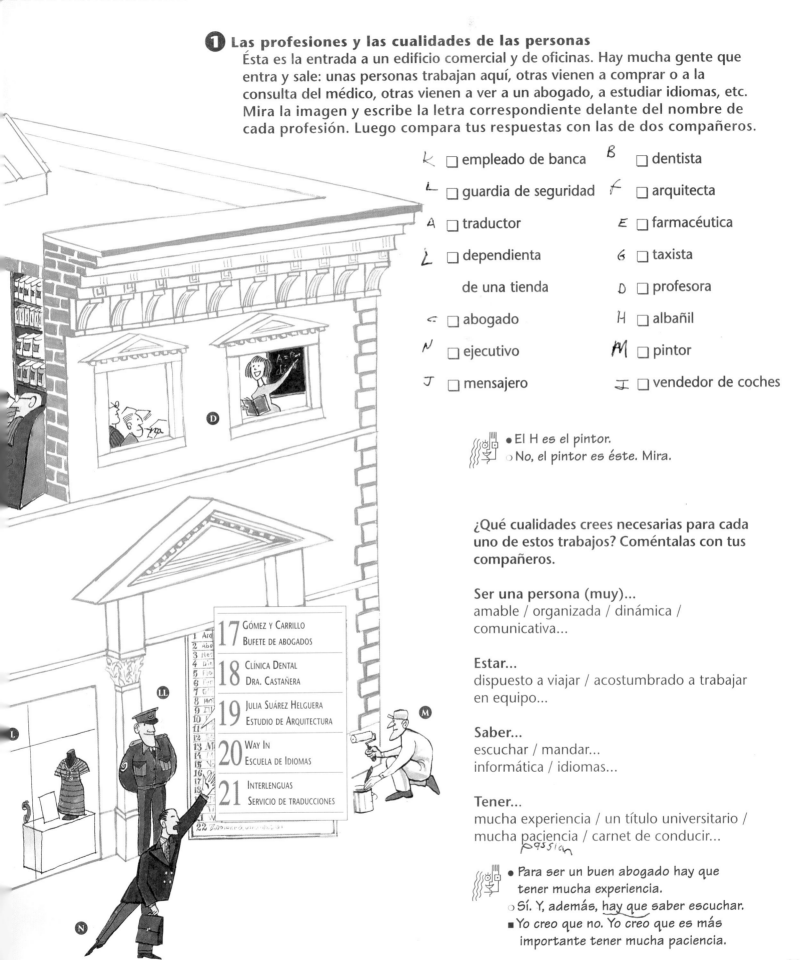

17 Gómez y Carrillo
Bufete de abogados

18 Clínica Dental
Dra. Castañera

19 Julia Suárez Helguera
Estudio de Arquitectura

20 Way In
Escuela de Idiomas

21 Interlenguas
Servicio de traducciones

❶ Profesiones: interesantes, aburridas, seguras, peligrosas...

PROFESIÓN	ASPECTO POSITIVO	ASPECTO NEGATIVO
farmacéutico/a		
músico/a		
agricultor/ora		
asistente social		
camionero/a		
albañil		
intérprete		
cartero/a		
abogado/a		
maestro/a		
policía		
psicólogo/a		
mi profesión:		

Actividades

Escribe, al lado de cada profesión, un aspecto positivo y otro negativo. Fíjate en la lista de ideas que tienes a la derecha. Luego, compara tus respuestas con las de dos compañeros.

- Los mensajeros tienen una profesión peligrosa.
○ Y además no ganan mucho dinero.
■ Sí, pero es un trabajo muy independiente.

ES UN TRABAJO MUY...

creativo
interesante
seguro
independiente
autónomo

LOS TAXISTAS/MÉDICOS...

conocen a mucha gente
conocen muchos países
ganan mucho dinero
tratan con personas agradables
ayudan a personas con problemas

ES UN TRABAJO MUY...

monótono
duro
aburrido
peligroso

LOS TAXISTAS/MÉDICOS...

pueden tener accidentes
están fuera de casa mucho tiempo
ganan poco dinero
tratan con personas desagradables

② Maribel busca un nuevo trabajo

Maribel quiere cambiar de trabajo. Ahora está hablando de sus experiencias pasadas y de sus proyectos, del tipo de trabajo que busca, de dónde quiere vivir, etc.

A c t i v i d a d e s

A Escucha lo que dice Maribel y completa la ficha.

Ha vivido en _____
Ha estado en _____
Ha trabajado en _____
Tiene experiencia en _____
Habla _____

B Ahora, discute con tus compañeros qué empleo puede solicitar.

- Yo creo que puede solicitar el 1. Ha estudiado medicina.
○ Pero no quiere viajar por el extranjero. Mejor, el 3.
■ Sí, pero no habla francés. Mejor el...

1

EMPRESA MULTINACIONAL DEL SECTOR HOSPITALARIO SOLICITA

VENDEDOR/A

para MADRID

PERFIL REQUERIDO:
- Experiencia en ventas.
- Disponibilidad para viajar.
- Buena presencia y don de gentes.
- Edad entre 25 y 45 años.
- Conocimientos de inglés.

OFRECEMOS:
- Contrato laboral y alta en Seguridad Social desde el momento de su incorporación.
- Formación a cargo de la empresa.
- Sueldo fijo más comisión.
- Agradable puesto de trabajo.
- Vehículo de la empresa.
- Gastos pagados.

Escribir A MANO carta
y Curriculum MECANOGRAFIADO a:

Balmes, 145, ático 1ª - 08003 BARCELONA.

2

Máximo Duque

P R E C I S A

ENCARGADO/A

Para sus tiendas de ropa en Madrid.
- Edad entre 23 y 35 años.
- Experiencia en un puesto similar y acostumbrado a liderar grupos.
- Buena presencia.
- Incorporación inmediata.

Interesados enviar urgentemente C.V. al n° de fax: (91) 345 55 11

3

Importante empresa multinacional necesita para su sede en Madrid

TITULADO SUPERIOR

Se requiere:
- Licenciatura universitaria.
- Dominio del francés hablado y escrito. Conocimientos del italiano y/o portugués hablados.
- Capacidad de trabajo y de liderar grupos.

Se ofrece:
- Remuneración según experiencia del candidato/a.
- Formación técnica y comercial.
- Contrato laboral de un año de duración.

Los candidatos interesados deberán remitir urgentemente un detallado Curriculum Vitae, fotografía reciente y teléfonos de contacto. Escribir a: Apartado de Correos 27007 - 28080 MADRID.

1 **¿Quién ha hecho estas cosas?**

Trabajad en pequeños grupos. Uno de vosotros es el secretario, tiene que hacer las preguntas y escribir las respuestas en su lugar correspondiente. ¿Qué grupo termina el primero?

Arantxa S. Vicario	José Carreras
Adolfo Suárez	Gloria Estefan
Violeta Chamorro	Octavio Paz
Fernando Trueba	Antonio Banderas
Miguel Induráin	Javier Pérez de Cuéllar

- ¿Quién ha estado muy enfermo?
- ○ José Carreras.
- ■ ¿Estás seguro/a? Yo creo que es Octavio Paz.
- ○ No, no. Es José Carreras. Estoy seguro/a.

DATOS	NOMBRE
Ha ganado el trofeo de Roland Garros.	
Ha jugado en los cinco continentes.	
Ha ganado el Óscar a la mejor película en lengua no inglesa.	
Es mexicano.	
Ha vendido muchos discos en Miami.	
Ha ganado muchas veces el Tour de Francia.	
Es de origen cubano.	
Ha sido presidenta de Nicaragua.	
Ha estado muy enfermo.	
Se ha casado con una actriz americana.	
Ha cantado con Pavarotti y Plácido Domingo.	
Ha sido secretario general de la ONU.	
Ha obtenido el Premio Nobel de Literatura.	
Ha trabajado con Pedro Almodóvar.	
Ha sido presidente de Gobierno en España.	
Es peruano.	

2 **Hablamos del pasado**

En la actividad 1 hemos usado los verbos en Pretérito Perfecto. Subráyalos y escribe el Infinitivo.

ha ganado ⟶ ganar

PRETÉRITO PERFECTO

HABLAR
he
has
ha   } hablado
hemos
habéis
han

	Participio
hablar ⟶	hablado
tener ⟶	tenido
vivir ⟶	vivido

PARTICIPIOS IRREGULARES

ver ⟶	visto
hacer ⟶	hecho
escribir ⟶	escrito
decir ⟶	dicho

¿HAS ESTADO ALGUNA VEZ EN...?

He estado una vez.
          dos/tres/... veces.
          muchas veces.
          varias veces.
No, no he estado nunca.

HABLAR DE HABILIDADES

¿Sabéis tocar algún instrumento?

Yo sé tocar el piano.
Yo toco la guitarra.
Yo no toco ningún instrumento

Puedo tocar el piano.

Juego el piano.

LOS IDIOMAS

el griego
el árabe
el francés
el alemán

Es **griega**.
Habla **griego**.

- **Entiendo** el japonés, pero lo **hablo** muy poco. Y no lo **escribo**.
- Hablo un **poco de** italiano.

- ¿Habla usted inglés?
- Sí, **bastante bien**.

SABER

sé	sabemos
sabes	sabéis
sabe	saben

VALORAR HABILIDADES

muy bien
bastante bien
regular
bastante mal
muy mal

Elvira toca el piano muy bien. Yo, regular.

---

3 **No he estado nunca en Sevilla**

Practica con dos compañeros. Tú les preguntas y anotas sus respuestas afirmativas (+) o negativas (-) en cada caso:

- ¿Habéis estado alguna vez en Sevilla?
- Yo sí. He estado muchas veces.
- Yo no. No he estado nunca.

	COMPAÑERO A	COMPAÑERO B
Visitar México.		
Hablar con un argentino.		
Comer paella.		
Bailar un tango.		
Bailar flamenco.		
Perder una maleta en un aeropuerto.		
Ganar un premio.		
Hacer teatro.		
Escribir un poema.		
Ir en globo.		
Enamorarse a primera vista.		
Hacer un viaje a la selva.		
Ir a...		

4 **¿Verdad o mentira?**

Tienes que escribir tres frases sobre tu vida: cosas que has hecho o que sabes hacer. Una por lo menos debe ser verdad; las otras pueden ser mentira. Puedes utilizar las expresiones siguientes.

Sé japonés / ruso / chino / árabe...
   He vivido tres años en Japón.

Toco el piano / la guitarra / el saxofón...
   He estudiado dos años en el conservatorio.

Escribo poesía. He escrito dos libros.

Hago teatro / yoga / cine / ballet clásico...

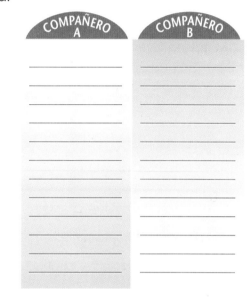

Trabajad en grupos de cuatro. Cada uno lee ante el grupo las frases que ha escrito. Los demás deben adivinar cuáles son verdad y cuáles no.

- Entiendo el chino. He hecho varios viajes a Pekín.
- Yo creo que no es verdad.
- Eso no es verdad
- Sí, sí es verdad.

65

1 Anuncios de trabajo: ¿qué piden?

Estás en casa y escuchas en la radio un programa para jóvenes. En él hablan de una empresa nueva que se instala en una ciudad española. Va a crear muchos puestos de trabajo.

Primero, escucha lo que dicen y, después, rellena estas fichas. En la columna de la izquierda tienes las palabras que faltan.

para el trabajo

la experiencia

de progresar

programas informáticos

20/30 años

muy organizada

trabajo en equipo

nivel de lectura

con la gente

edad

formación especializada

VENDEDORES

Edad: 20/26 años.
Se valorará _____
Carácter amable y buena presencia.
Abierto al trato _____
Voluntad de progresar.
Capacidad de trabajo en equipo.

ADMINISTRATIVOS

Edad: 22/35 años.
Se valorará la experiencia.
Persona _____
Conocimiento de _____
a nivel de usuario (Windows...).
Idiomas: francés o inglés a _____
_____

DECORADORES

_____: 22/28 años.
_____ en decoración y presentación de escaparates.
Aptitud y sensibilidad para presentar el producto.
Capacidad de _____

MOZOS DE ALMACÉN

Edad: _____
Libre de servicio militar.
Buena disposición _____
Voluntad _____

OS SERÁ ÚTIL...

Hemos seleccionado a... para el puesto de...

Silvia puede ser vendedora.

Sí, y también decoradora. Sabe pintar...

Sí, pero no tiene experiencia.

❷ Selección de candidatos

Tú y dos de tus compañeros trabajáis en una empresa de selección de personal. Tenéis que seleccionar empleados para **HOME & COMFORT**. Los puestos de trabajo son los que tenéis en las fichas de la actividad 1. De momento tenéis cuatro solicitudes. ¿Qué puesto le dais a cada uno? Tenéis que poneros de acuerdo y seleccionar al mejor candidato para cada puesto.

Apellidos: *Pellicer Alpuente*
Nombre: *Silvia*
Lugar y fecha de nacimiento: *Gijón (Asturias), 25-4-71*
Domicilio actual: *Pza. Doctor Garcés, 8-3°- 28007 Madrid.*
Teléfono: *375 42 10*
Estudios: *licenciada en psicología.*
Idiomas: *inglés, bastante bien, y un poco de francés.*
Experiencia de trabajo: *6 meses administrativa, Jofisa (Oviedo). 1 año vendedora, Gijón.*
Resultados test psicotécnico: *comunicativa, sociable, organizada.*
Otros: *pintura, informática (Windows, WordPerfect).*

Apellidos: *Ríos Gómez*
Nombre: *Isidro*
Lugar y fecha de nacimiento: *Madrid, 18-8-76*
Domicilio actual: *Núñez de Arce, 253, Ático 1ª - 28012 Madrid*
Teléfono: *416 42 38*
Estudios: *BUP*
Idiomas: *ninguno*
Experiencia de trabajo: *Construcción (2 años); Empresa Autobuses (6 meses).*
Resultados test psicotécnico: *trabajador, capacidad de iniciativa, introvertido.*
Otros: *permiso conducir (camión). Servicio militar cumplido.*

Apellidos: *Fernández Rico*
Nombre: *Nieves*
Lugar y fecha de nacimiento: *Tudela (Navarra); 14-2-1972*
Domicilio actual: *Alonso Ventura, 49-6°-A. 28022 Madrid*
Teléfono: *408 67 45*
Estudios: *BUP y FP (artes gráficas).*
Idiomas: *muy bien francés, bastante bien italiano, un poco de alemán.*
Experiencia de trabajo: *6 meses en una tienda de ropa*
Resultados test psicotécnico: *tímida e introvertida. Organizada.*
Otras aptitudes: *informática (Windows, WP, PaintBrush).*

Apellidos: *Sanjuán Delgado*
Nombre: *Alberto*
Lugar y fecha de nacimiento: *Betanzos (La Coruña), 15-9-71*
Domicilio actual: *Hermanos Escartín, 25- 1°-C - 28015 Madrid*
Teléfono: *367 98 76*
Estudios: *EGB, FP (carpintería).*
Idiomas: *un poco de francés.*
Experiencia de trabajo: *taxista (cinco años). Recepcionista en un hotel.*
Resultados test psicotécnico: *comunicativo y amable. Organizado.*
Otras aptitudes: *informática (Word Perfect).*

❸ Tu ficha

Ahora elabora tu propia ficha. ¿A qué puesto prefieres presentarte?

JÓVENES ESPAÑOLES A LOS 20 AÑOS

El periódico EL PAÍS nació en 1976, el día 4 de mayo. Con ocasión de su XX aniversario, el 5 de mayo de 1996 publicó un número extraordinario de 490 páginas. La última sección de ese número extraordinario consiste en el retrato de 20 jóvenes que nacieron el mismo año que el periódico, es decir, en 1976. Vamos a conocer algunos de ellos, su situación laboral o profesional, sus puntos de vista, sus opiniones...

Rocío Martínez

En la cabeza de R. Martínez ya está escrito el guión de su vida en los próximos años: solicitar una beca Erasmus para estudiar en Europa, acabar la carrera antes de cumplir los 22 y, después, buscar trabajo.

Mientras tanto, esta bilbaína del barrio de Deusto reparte su tiempo entre la universidad, las horas de estudio, la asociación de estudiantes de empresariales AIESEC, las actividades del grupo pacifista Gesto por la Paz y la participación ocasional en una tertulia radiofónica.

Va a menudo al teatro con sus padres, sale los fines de semana con sus amigas y encuentra en dos sesiones semanales de kárate la válvula de escape a la adrenalina que le sobra. Escucha indistintamente a Aute o a Rod Stewart; apenas ve la televisión ni le gusta el cine.

"No se puede pasar la juventud vegetando", dice: por eso se unió a Gesto por la Paz.

Rocío Martínez
Militante de Gesto por la Paz

"No se puede pasar la juventud vegetando"

EL PAIS

Feminismo paradójico

Compromiso social

Ilusión por progresar profesionalmente

Polifacética

❶ ¿Puedes asignar uno de estos eslóganes a cada texto? Para ello no es necesario que realices una lectura a fondo; te bastará con una lectura por encima.

❷ Busca en cada texto las frases que reflejan el punto de vista o las opiniones de los jóvenes. ¿Con cuál de ellos estás más de acuerdo? ¿Estás en desacuerdo con alguna de ellas?
En los textos pueden aparecer referencias a la realidad española que tal vez no conoces bien. Tu profesor te facilitará esta información.

Joaquín Aragón
En busca de empleo: 7-3-76

"Espero que mi mujer no tenga que trabajar"

Joaquín Aragón

Los días no tienen nombre para Juaqui: qué más da. No estudia ni trabaja. Ser gaditano del barrio obrero de Loreto y parado es casi la misma cosa.

Se levanta a la hora que se despierta. Se ducha, desayuna, hace la cama y baja a la plaza. Allí pasa las horas, fumando, hablando, tomando zumos y fantas, con sus amigos, parados todos -"menos uno, que está de camarero"-. No bebe alcohol. Después de comer se acuesta o pone la tele.

"La política no me gusta: creo que a lo mejor con una mujer de presidente no pasarían estas cosas". No milita en ningún partido ni organización; es ecologista y solidario "pero de nacimiento".

Le gusta el cine, aunque apenas va, y bailar bakalao con su novia. Le encantan los reportajes de animales, ir al campo, pescar. Lo que quiere es encontrar trabajo, casarse y tener dos hijos. "Espero que mi mujer no tenga que trabajar. Para trabajar estoy yo". Esta frase anacrónica tiene su explicación: su madre sale de casa todas las mañanas para ir a limpiar oficinas.

Francisco Gayurt
17-10-76

"...trabajo es de todos. Que se lo quede el mejor"

Francisco Gayurt

Trabaja de camarero y al mismo tiempo estudia hostelería en un instituto de formación profesional. Invierte la mitad de su salario -700 pesetas a la hora- en perfeccionar idiomas: francés e inglés. En un año ha cambiado de trabajo en seis ocasiones.

Quiere llegar más lejos en la vida, hacer algo más que ser un simple camarero: "No me pasaré toda la vida ejerciendo de simple camarero, quiero llegar a ocupar algún puesto de responsabilidad", afirma este joven, vecino del barrio de la Macarena, seguidor del Betis, enemigo de la música bakalao de discoteca y amante del cine de acción.

Se presenta a sí mismo como tranquilo y trabajador. Su vida es rutinaria: de casa al trabajo y del trabajo a casa; los fines de semana, sale a dar una vuelta con su novia y una pareja de amigos. Es todo lo contrario del tópico andaluz: no le gusta la Feria de Sevilla, la Semana Santa ni los toros. Está en contra de las actitudes racistas y xenófobas. Piensa que los extranjeros tienen derecho a trabajar en España: "El trabajo está aquí, es de todos. Que se lo quede el que esté más preparado".

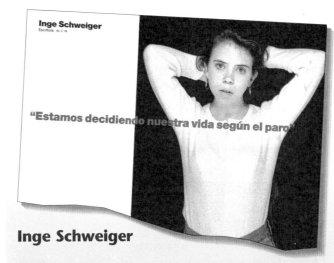

Inge Schweiger
Escritora: 15-7-76

"Estamos decidiendo nuestra vida según el paro"

Inge Schweiger

Vive en Tres Cantos, muy cerca de Madrid, y su jornada es una carrera contrarreloj. Apenas despierta, toca un rato el violín y luego corre a las clases de música; por la tarde va al instituto, vuelve a casa y practica de nuevo, y todavía tiene tiempo para leer el periódico. Además, los domingos colabora en un hospital de niños, una actividad asociada a la iglesia evangélica, adonde suele ir con su madre.

Su fórmula es simple: organizarse bien; así, aún puede ir de gira con orquestas juveniles de España y de Alemania, leer hasta altas horas de la madrugada y salir de juerga. "Vamos a discotecas a bailar, pero siempre salgo con un dolor de cabeza impresionante. Prefiero los bares".

Inge también es escritora: escribe cuentos, relatos cortos; uno de éstos, *Ella*, fue seleccionado por la editorial Alfaguara para la antología *Realidades paralelas*. Era su primer intento de escribir en castellano; antes lo redactaba todo en alemán, la lengua de su padre, que estudió durante once años.

25 26 27 28

Vamos a hacer el "Libro de cocina" de nuestra clase con nuestras mejores recetas.

Aprenderemos a desenvolvernos en tiendas y restaurantes:

✔ refiriéndonos a los alimentos,

✔ informándonos sobre las características de un plato.

gente que come bien

❶ Productos españoles

Muchos de estos productos se exportan a otros países y algunos de ellos son ingredientes de la cocina española. ¿Sabes cómo se llaman? Intenta descubrirlo en la lista y compruébalo con un compañero o con el profesor.

● ¿Qué es esto?
○ Garbanzos.

● ¿Cómo se dice "wine" en español?
○ Vino.

¿Cuáles te gustan? Márcalos con estos signos.

+	=	Me gusta/n.
−	=	No me gusta/n.
?	=	No lo sé, no lo he comido nunca.

☐ garbanzos   ☐ sardinas   ☐ naranjas

☐ gambas   ☐ espárragos   ☐ plátanos

☐ aceite de oliva   ☐ vino   ☐ tomates

☐ jamón serrano   ☐ cava   ☐ avellanas

☐ uva   ☐ fresas

☐ limones

☐ centollo

☐ chorizos

☐ almendras

Coméntalo con dos compañeros. Luego vais a explicar al resto de la clase en qué coincidís.

● Las naranjas, las fresas y el cava nos gustan a los tres.
○ Las sardinas y el chorizo no nos gustan a ninguno de los tres.
■ Ninguno de los tres ha comido nunca centollo.

1 Supermercado Blasco

En el supermercado Blasco, Gema, la dependienta, está hablando por teléfono con una cliente, la Sra. Millán, y anota su pedido. Luego, tiene un problema: no sabe cuál de estas listas es la de la Sra. Millán.

2 kg de naranjas
1/2 docena de huevos
200 g de queso manchego
2 cartones de leche entera Asturivaca
1 botella de vino Castillo Manchón tinto
6 latas de cocacola
1 paquete de azúcar

2 kg de naranjas
1/2 docena de huevos
150 g de jamón york
2 cartones de leche entera Asturivaca
6 latas de cocacola
12 cervezas Danbier
2 botellas de vino Castillo Manchón blanco
1 paquete de espaguetis de 1/2 kg

A c t i v i d a d e s

A ¿Puedes ayudar a Gema? ¿Cuál es la lista de la Sra. Millán?

B Escribe una lista con lo que necesitas para cocinar tu especialidad, ingredientes y cantidades.

C Un compañero será ahora Gema. Tú llamas al supermercado para hacer tu pedido. Tu compañero va a anotarlo.

2 Cocina mexicana

Amalia, una española, va a comer a un restaurante mexicano. No conoce la cocina mexicana y la camarera le explica qué es cada plato.

RESTAURANTE DON PANCHO

MENÚ DEL DÍA

Quesadillas
Caldo de cola de buey

Mole poblano
Chiles en nogada

Capirotada

A c t i v i d a d e s

A Lee el menú y escucha la grabación.

Amalia toma, de primero, _____
de segundo, _____
de postre, _____

B ¿Puedes hacer una lista de algunos ingredientes de estos platos?

C Imagina que tú vas a este restaurante. Encarga tu menú.

● Yo, de primero, caldo.

3 Dieta mediterránea

Contexto

En la revista *Gente de hoy* han entrevistado al famoso dietista Ignacio Rebollo. El profesor Rebollo comenta algunas modas, tópicos e ideas que existen sobre la dieta.

P: Doctor Rebollo, ¿se come bien en España?

R: En general, sí. Tenemos una dieta mediterránea: se toma mucha fruta, mucha verdura, mucho pescado. No se come mucha carne, se come bastante cordero... Además, tomamos vino y cocinamos con aceite de oliva.

P: ¿Vino?

R: Sí, un cuarto de litro al día no es malo.

P: Pero mucha gente hace dieta, quiere adelgazar, está preocupada por la comida...

R: Sí, es verdad. La gente quiere reglas, recetas mágicas... Pero la mayoría de nosotros podemos solucionar nuestros problemas de dos maneras: comer un poco menos y hacer un poco más de ejercicio.

P: Otra moda: beber mucha agua.

R: El organismo necesita unos dos litros y medio al día. Un litro nos llega con los alimentos. O sea, que hay que tomar un litro y medio de líquido al día.

P: ¿Hay que beber leche?

R: La leche aporta dos cosas importantes: calcio y proteínas. Hay que tomar medio litro de leche al día, leche o queso o yogur, lácteos.

P: ¿Cuántos huevos se pueden comer al día?

R: Una persona adulta sana puede comer tres huevos por semana, sin problemas. Las proteínas del huevo son las mejores.

P: ¿Qué opina de la comida rápida, del llamado "fast food"?

R: El problema de la comida rápida es que se toma demasiada grasa y demasiada sal.

P : ¿Se puede vivir siendo vegetariano, sin comer carne?

R: Por supuesto: el secreto es combinar bien las legumbres y los cereales.

Pirámide alimentaria:

CARNE ROJA	Algunas veces por mes
DULCES	
HUEVOS	
AVES DE CORRAL	
PESCADO	Algunas veces por semana
QUESO Y YOGUR	
ACEITE DE OLIVA	
FRUTA — LEGUMBRES Y FRUTOS SECOS — HORTALIZAS	
PAN, PASTA, ARROZ, CUSCÚS, POLENTA, OTROS CEREALES Y PATATAS	A diario

Actividades

A Antes de leer la entrevista, vamos a ver cuáles son nuestras costumbres en el tema de la alimentación. Haz a un compañero las preguntas que tienes a la derecha.

B Lee el texto y compara las respuestas de tu compañero con la información que da el Doctor Rebollo. ¿Puedes darle algún consejo? ¿Tiene que cambiar algún hábito?

 • **Tienes que comer más pescado y cocinar con aceite de oliva.**

	sí	no
¿Comes mucho pescado?		
¿Comes mucha verdura?		
¿Comes mucha carne?		
¿Bebes vino?		
¿Cocinas con aceite de oliva?		
¿Bebes mucha agua?		
¿Bebes leche?		
¿Comes muchos huevos?		
¿Consumes comida rápida?		
¿Comes legumbres?		

26 gente que come bien

① Compras para el menú del día

El cocinero de Casa Leonardo ha comprado todas estas cosas para preparar el menú de hoy. ¿Qué crees que lleva cada plato? Consulta el diccionario, si quieres, y haz hipótesis. Luego, coméntalo con tus compañeros.

huevos	garbanzos	patatas	gambas
tomates	chorizo	leche	calamares
cebollas	pollo	harina	mejillones
arroz	carne de ternera	pimientos	

Menú del día

macarrones
paella
gazpacho
cocido madrileño

escalopa milanesa
tortilla española
calamares a la romana

naranja o flan

pan
vino, cerveza o agua

- Los mejillones son para la paella, creo.
- Sí, la paella lleva mejillones...
- Y calamares.

Ahora imagina que estás en Casa Leonardo. El camarero (que es un compañero) va a tomar nota de lo que pedís cada uno.

- Yo, de primero, macarrones.
- Yo también, macarrones.
- Yo, gazpacho.

② ¿Es carne o pescado?

La comida de Hispanoamérica y de España es muy variada. Por tanto, lo mejor será aprender a pedir información. Pregunta a tu profesor sobre estos platos y subraya los que quieres probar.

bacalao al pil pil
angulas
pollo al chilindrón
pulpo a la gallega
fideuá
calamares en su tinta
cabrito al horno
pipirrana
ajo blanco

lubina a la sal
migas
tortilla sacromonte
arroz a banda
zarzuela
percebes
cocochas
morteruelo
pisto manchego

PARA EL RESTAURANTE

Por favor, un poco más de pan y otra cerveza.

- ¿Qué van a tomar?
- Yo, de primero, ...
   de segundo, ...
   de postre, ...

- ¿Para beber?
- Vino tinto/blanco/rosado.
   Agua con gas/sin gas.
   Cerveza.

¿Tomarán café?
Sí, un café solo y un cortado.
Y nos trae la cuenta, por favor.

asado/a
frito/a
hervido/a
guisado/a

a la plancha
a la brasa
al horno

¿Es carne o pescado?
¿Es fuerte/picante/graso?
¿Qué lleva?
¿Lleva salsa?

LA FORMA IMPERSONAL

Se come demasiada grasa.
Se comen muchos dulces.

CANTIDADES

Llevan {
demasiado arroz.
mucho arroz.
suficiente arroz.
poco arroz.

demasiados huevos.
muchos huevos.
suficientes huevos.
pocos huevos.
}

No llevan arroz.
No llevan huevos.

> **un poco de** =
> una pequeña cantidad

No llevan **nada de** arroz.
No llevan **ningún** huevo.
No llevan **ninguna** botella de agua.

PESOS Y MEDIDAS

100 gramos de...
200 gramos de...
300 gramos de...

un cuarto de kilo / litro de...
medio kilo / litro de...
tres cuartos de kilo / litro de...
un kilo / litro de...

un paquete de arroz / sal / azúcar / harina...
una botella de vino / agua mineral / aceite...
una lata de atún / aceitunas / tomate...

❸ Buenas y malas costumbres

Piensa en los hábitos alimentarios de tu país. Luego, si quieres, puedes volver a leer la entrevista del Dr. Rebollo. Anota en estas listas tres costumbres sanas y tres malas costumbres. Luego, se lo comentas a tus compañeros.

demasiado alcohol

- En mi país se toma demasiado alcohol.

❹ Comida de excursión

La familia Zalacaín se va a pasar cuatro días de acampada a la montaña. Son cinco personas, tres adultos y dos niños. Se llevan toda la comida porque allí no hay tiendas. Ésta es la lista que han hecho. ¿Qué te parece? ¿Olvidan algo importante? Tacha o añade cosas y coméntalo con tus compañeros.

> 100 g de mantequilla
> 10 l de leche
> 1/2 l de aceite
> 2 kg de patatas
> 3 kg de espaguetis
> 1 lata de tomate
> 24 yogures
> 7 kg de carne
> 50 g de queso
> 3 plátanos
> 12 kg de manzanas
> 100 g de azúcar
> 1 l de vino

- No llevan huevos.
- Sí, es verdad. Y llevan poco azúcar, ¿no?
- Sí, muy poco.

1 La tortilla española

Para aprender un poco de cocina española, lee estos textos.

Se come en todas las regiones de España. Y a cualquier hora del día, fría o caliente: por la mañana para desayunar, a media mañana en el bar de la esquina, o de pie a la hora del aperitivo. Pero también como entrante o como segundo plato en la comida. O a media tarde, para merendar. O para cenar. Y en el campo, cuando vamos de picnic. Se come sola o con pan. Es un alimento completo y equilibrado: proteínas, fécula, grasa vegetal... Los ingredientes son baratos y casi siempre los tenemos en casa. Y le gusta a casi todo el mundo. En resumen: un plato perfecto.

TORTILLA ESPAÑOLA

DIFICULTAD: media
TIEMPO: 70 minutos
INGREDIENTES (para 6 personas):
8 huevos
750 g de patatas peladas y cortadas en rodajas finas
1 cebolla grande, pelada y picada
1 taza de aceite de oliva
sal

Calentar el aceite en una sartén y echar las patatas y la cebolla. Salar. Hacerlas a fuego lento durante 40 minutos hasta que las patatas están blanditas (hay que moverlas a menudo y así no se pegan).
Escurrirlas.
Batir los huevos, salarlos, añadir las patatas y la cebolla, y mezclar todo muy bien.
Poner una cucharada de aceite en una sartén. Echar la mezcla y dejarla en el fuego 5 minutos por cada lado, más o menos. Darle la vuelta con un plato.

Ahora escucha cómo lo explica este español. Da algunos trucos.

La sartén tiene que estar _____

Las patatas tienen que llevar _____

Las patatas hay que cortarlas _____

Las patatas hay que freírlas _____

Hay que sacar un poco de _____

Hay que añadir a las patatas un poco de _____

La tortilla hay que comerla con un poquito de _____

y _____

OS SERÁ ÚTIL...

Se pone/n en una sartén.
      una olla.
      una cazuela.
      una fuente.

Se pone un huevo.
Se ponen tres huevos.

se echa/n se añade/n
se fríe/n   se asa/n
se hierve/n se pela/n
se corta/n se saca/n
se mezcla/n

con mantequilla
sin grasa

Primero, ...
después, ...
luego, ...
Al final, ...

❷ Recetas

Formad pequeños grupos. Cada grupo va a escribir una receta. Puede ser un plato fácil o que alguno sabe hacer. Primero, tenéis que elegir un plato y completar esta ficha.

Ahora, hay que escribir la receta. Fijaos en la de la tortilla. Puede serviros de modelo. Podéis trabajar con un diccionario.

DIFICULTAD: _____

TIEMPO: _____

INGREDIENTES: _____

_____

_____

_____

_____

_____

❸ La lista de la compra

Un alumno de otro grupo va a ser el encargado de las compras. Hay que dictarle la lista.

 ● Necesitamos medio kilo de harina, tres huevos...

❹ El "Libro de cocina" de la clase

Cada grupo explica a toda la clase el modo de preparación de la receta que ha escrito. Al final, podemos pegarlas en el tablón de la clase o fotocopiar todas las recetas y hacer un libro con nuestras especialidades.

HOY NO CENO

Son las nueve de la noche. Pepe y Elvira ya están en casa.
-Nada, hoy no ceno -dice Pepe a Elvira, su mujer-. Me ha sentado mal algo, me parece. No estoy nada bien...

Pepe come casi todos los días en Casa Juana, al lado de la oficina, con algunos compañeros de trabajo. En Casa Juana tienen un menú baratito, que está bastante bien.

 -Seguramente ha sido el bacalao. Bueno, no sé... Estaba rico, con unos pimientos y unas patatitas...

-¿Y de primero, qué has tomado? -pregunta Elvira.

-Una ensalada...

-¿Y por la mañana?

-Lo normal, el café con leche en casa y... A media mañana, a las once, hemos ido a desayunar al Bar Rosendo con Pilar y Gonzalo y me he tomado un bocadillo de atún y otro café.

-¿Y el aperitivo?

-No, hoy no hemos bajado...

-Pues a lo mejor sí ha sido el bacalao... Y yo he puesto pescado para cenar... Y verdura.

-Ufff... Nada, nada, yo no quiero nada. Una manzanilla, quizá. Estoy fatal...

1 Pepe Corriente es una persona muy normal, un español medio. Señala aquellas cosas que hace Pepe y que tú nunca haces. Seguro que descubres alguna costumbre típicamente española.

● Yo nunca desayuno con los compañeros de trabajo.

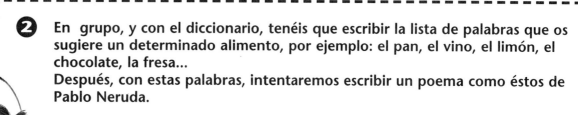

2 En grupo, y con el diccionario, tenéis que escribir la lista de palabras que os sugiere un determinado alimento, por ejemplo: el pan, el vino, el limón, el chocolate, la fresa...

Después, con estas palabras, intentaremos escribir un poema como éstos de Pablo Neruda.

ODA AL TOMATE

Debemos, por desgracia,
asesinarlo:
se hunde
el cuchillo
en su pulpa viviente,
en una roja
víscera,
un sol
fresco,
profundo,
inagotable,
llena las ensaladas
de Chile,
se casa alegremente
con la clara cebolla,
y para celebrarlo
se deja
caer
aceite,
hijo
esencial del olivo,
sobre sus hemisferios
                entreabiertos,
agrega
la pimienta
su fragancia,
la sal su magnetismo (...)

ODA A LA CEBOLLA

(...)
cebolla,
clara como un planeta,
y destinada
a relucir,
constelación constante,
redonda rosa de agua,
sobre
la mesa
de las pobres gentes.

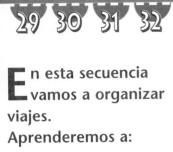

En esta secuencia
vamos a organizar
viajes.
Aprenderemos a:

✔ indicar fechas,
   horas
   y lugares,
✔ obtener
   información
   sobre rutas,
   transporte y
   alojamiento.

*gente*que

viaja

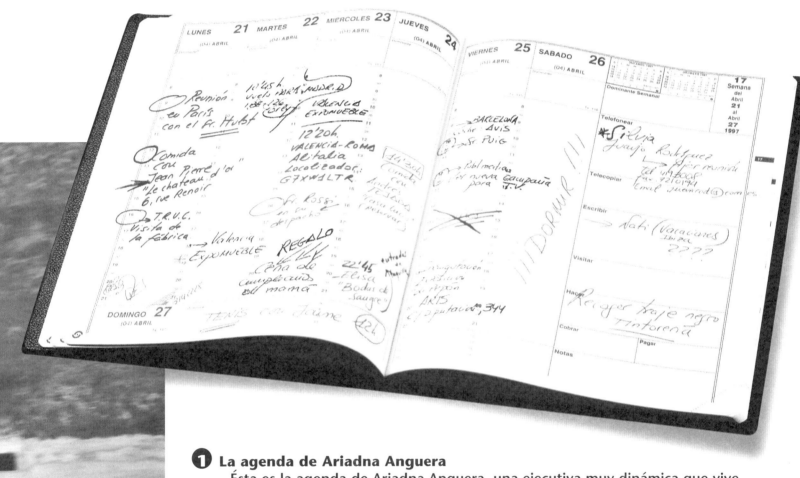

1 La agenda de Ariadna Anguera

Ésta es la agenda de Ariadna Anguera, una ejecutiva muy dinámica que vive en Madrid. Trabaja para un empresa que fabrica muebles de oficina. Tú quieres hablar con ella. ¿Cuándo y dónde puedes verla?

Puedo verla el _____ en _____

a las _____ o el _____

en _____ a las _____

O también _____

_____

Ahora mira las fotos. Son cosas que se necesitan habitualmente en los viajes. ¿Cuáles necesitas tú cuando viajas?

Según la leyenda, el apóstol Santiago está enterrado en Santiago de Compostela. Desde la Edad Media hasta hoy, miles de peregrinos cruzan los Pirineos y viajan hacia el oeste, hasta la tumba del Santo.

Los peregrinos van a pie, a caballo o en bicicleta; por motivos religiosos, turísticos o culturales. Algunos viajan solos y otros, en grupo, con amigos o con la familia. De Roncesvalles a Compostela encuentran iglesias románicas, catedrales góticas, pueblos pintorescos, paisajes muy variados...; y cada pocos kilómetros, una posada, un lugar donde dormir gratis, normalmente con camas y duchas. En total son unos 835 km, o sea, unos 28 días a una media de 30 km/día.

En 1993, el Consejo de Europa definió el Camino de Santiago como el Primer Itinerario Cultural Europeo y la UNESCO declaró la ciudad de Santiago de Compostela Patrimonio Cultural de la Humanidad.

❶ El Camino de Santiago

Contexto

Jaime, Santi, Jaume, Yago, Jack, Jacques, Jacob y Jim son ocho peregrinos que van a Santiago de Compostela. Están en diferentes puntos del Camino.

Actividades

Mira el mapa y lee las informaciones. Así sabrás quién es cada uno: Jaime, Santi, Jaume, Yago, Jack, Jacques, Jacob y Jim.

- Santi acaba de cruzar la frontera. Todavía está muy lejos de Compostela.
- Jacob todavía no ha pasado por Burgos.
- Jaime ya ha pasado por Villafranca del Bierzo pero no ha llegado a Ligonde.
- Yago está entre Sahagún y Frómista.
- Jack está a punto de llegar a Compostela.
- Jacques está a 5 km de Nájera.
- Jaume ya ha visitado León. Esta noche quiere dormir en Astorga.
- Jim ha estado esta mañana en Burgos.

ORREAGA
(RONCESVALLES)

SAHAGÚN FROMISTA

NÁJERA

BURGOS

② **Un curso de español en Granada**

CENTRO DE ESPAÑOL
Gran Vía de Colón, 24
18010 GRANADA

CURSOS INTENSIVOS DE ESPAÑOL

DURACIÓN: 1 mes.
HORARIO DE CLASES: 9.30h a 13.30h.

ACTIVIDADES CULTURALES:
– visitas guiadas por la ciudad
– curso de guitarra
– curso de sevillanas
– excursiones a Sevilla y a Córdoba

ALOJAMIENTO: en familias u hotel
(la escuela se ocupa de las reservas).

IMPORTE DE LA MATRÍCULA: 122.500
pesetas (alojamiento y cursos optativos no
incluidos).

FORMA DE PAGO: transferencia bancaria,
giro postal o tarjeta de crédito.

Contexto

Rick Van Patten es
un joven holandés. Se
ha inscrito en un cur-
so de español en Gra-
nada. Ahora está ha-
ciendo algunas llama-
das telefónicas por-
que le faltan infor-
maciones importantes.

Actividades

Lee el folleto y escucha
las conversaciones para
completar estas informaciones.

1. Para llamar a España el
prefijo es el _____, y para
llamar a Granada el prefijo es
el _____.

2. El número del Centro de
Español es el _____. El curso
empieza el _____ a las _____.

3. La dirección de la familia
española es _____. Pero hay un
problema: la habitación _____.

4. Hay un vuelo Madrid-Granada a
las _____ y otro a las _____.

5. Rick reserva el hotel _____
para las noches de _____. La
habitación cuesta _____.

6. Va a estar en Granada un mes,
desde _____ hasta _____.

1 Un juego: Oviedo-Sevilla-Oviedo

Una famosa marca de tabaco, DROMEDARIO, ha organizado un rally por una parte de España. Tenéis que formar pequeños grupos, de tres o cuatro. Gana el alumno que termina la vuelta el primero. Pero, ojo, los medios de locomoción y la velocidad se deciden con los dados de este modo:

si a un estudiante le sale un...	tiene que ir	y en esa jugada puede recorrer
1	= A PIE	20 Km
2	= EN BICICLETA	40 Km
3	= EN MOTO	100 Km
4	= EN TREN	200 Km
5	= EN COCHE	400 Km
6	= EN AVIÓN	de una ciudad a la siguiente

En algunos lugares tendréis que esperar un turno:

 - si vas a salir en moto o coche, no tienes gasolina.

 - si vas a salir en moto o coche, tienes una avería.

 - si vas a salir en moto, coche o bicicleta, tienes un pinchazo.

 - si os sale un 6, sólo podéis salir de las ciudades que tienen aeropuerto.

 20 Km.

● Un cinco.
○ En coche... Cuatrocientos kilómetros. De Madrid hasta...

2 ¿Cuándo es tu cumpleaños?

¿Sabes las fechas de cumpleaños de los compañeros de clase? A ver quién consigue, en cinco minutos, anotar más nombres y fechas de cumpleaños, como en el ejemplo.

● ¿Cuándo es tu cumpleaños, María?
○ El veintiuno de abril.

 21 de abril: María

● ¿Cuánto hay

| de desde | Madrid | a hasta | Sevilla? |

○ 520 kilómetros.

Madrid **está a** 520 km **de** Sevilla.

DÍAS Y MESES

¿Qué día
¿Cuándo } te vas/llegan/...?

el (día) veintitrés
el veintitrés **de** mayo
el viernes (**próximo**)

la semana
el mes } que viene
el año

enero, febrero, marzo, abril, mayo, junio, julio, agosto, septiembre, octubre, noviembre, diciembre

YA, TODAVÍA, TODAVÍA NO

- ¿A qué hora llega el avión de Sevilla?
- o **Ya** ha llegado.

¿**Todavía no** han abierto?

No, **todavía** está cerrado.

HORAS

- ¿**A qué hora** abren/cierran/ empiezan/...?

o A las

- ocho.
- ocho y cinco.
- ocho y **cuarto**.
- ocho y veinte.
- ocho y **media**.
- ocho y veinticinco.
- nueve **menos cuarto**.
- nueve **menos** cinco.

a las diez **de la mañana** = 10h
a las diez **de la noche** = 22h

Para informaciones de servicios (medios de comunicación, transportes, etc.) se dice también:
**a las veintidós horas,
a las dieciocho horas,** etc.

Está abierto **de** ocho **a** tres.
Está cerrado **de** tres **a** cinco.

- ¿**Qué hora es**?
- o Las cinco y diez.
  La una.

Perdone, ¿tiene hora?

Sí, las cinco y diez.

Gracias.

---

❸ Hotel Picos de Europa

Eres el recepcionista de un pequeño hotel en la montaña. El hotel sólo tiene nueve habitaciones. Algunos clientes quieren hacer reservas, cambiarlas o confirmarlas. Escucha la cinta. ¿Qué cambios u observaciones tienes que anotar en el libro de reservas?

habitación número	viernes, **11**	sábado, **12**	domingo, **13**
1	GONZÁLEZ	GONZÁLEZ	–
2	MARQUINA	MARQUINA	MARQUINA
3	VENTURA	–	–
4	–	MAYORAL	MAYORAL
5	SÁNCHEZ PINA	SÁNCHEZ PINA	SÁNCHEZ PINA
6	–	–	IGLESIAS
7	LEÓN	SANTOS	COLOMER
8	–	–	–
9	BENITO	BENITO	–

❹ De 9h a 14h

En este mismo momento, mientras vosotros estáis en clase, ¿cuáles de estos establecimientos están abiertos?

RIZOS Peluquería

10h-20h (sábados 10h-14h)

discoteca ACUARIO

de 21h a 6h

Gestoría **PALOMO**

9h-14.30h   17h-20h

AYUNTAMIENTO
8h-15h

Restaurante **EL ARENQUE**

13.30h-16h

Farmacia **IBÁÑEZ**

9.30h-13h   16h-20h

Dr. Sánchez Trueba

CLÍNICA DENTAL

Lu, mi, vi 9h-12h   18h-20h

Supermercado **PENÍNSULA**

8.30h-14h   16h-20.30h

Gimnasio en forma
Fitness
aeróbic
artes marciales

8h-23h

¿Son parecidos estos horarios a los de tu país o son muy diferentes?

1 Un viaje de negocios

Os habéis convertido en las/los secretarias/-os del Sr. Berenstain. Es un ejecutivo que trabaja en Frankfurt y que viaja mucho. En parejas, tenéis que organizarle un viaje a España: elegir los vuelos. Conocéis su agenda de trabajo, sus "manías" y, además, tenéis un fax con los horarios de los vuelos.

LUNES	MARTES	MIÉRCOLES	JUEVES	VIERNES	SÁBADO	DOMINGO
	1	2	3	4	5	6
7	8	9	10	11	12	13
14	15	16	17	18	19	20
21	22	23	24	25	26	
28	29	30				

VIAJES MARTINSANS, S.A.
CENTRAL DE EMPRESAS
TEL.433 35 33 - FAX 433 01 02

FAX DE/FROM Carolina Mayoral

PARA/TO: alumnos de español
de esta clase

Número de páginas/number of pages: 1

El día 13 está en Frankfurt.

El próximo día 14 tiene una reunión en Madrid a las 16.15h (en el Paseo de la Castellana).

Tiene una reunión en San Sebastián el día 16 a las 9h.

Tiene que estar en su oficina en Frankfurt el día 17 antes de las 18h.

No le gusta viajar de noche.

En Madrid quiere alojarse en un hotel céntrico y no muy caro.

En San Sebastián va a alojarse en casa de unos amigos.

FRANKFURT / MADRID

		salida	llegada
LH4812	FRA/MAD	09.25	11.55
IB3507	FRA/MAD	12.55	15.25
LH4700	FRA/MAD	16.30	19.05
LA171	FRA/MAD	17.10	19.35

MADRID / SAN SEBASTIÁN

		salida	llegada
AO106	MAD/EAS	07.45	08.35 (lu, mi, vi)
AO110	MAD/EAS	16.00	16.50 (mi, ju, sa, do)
ZR 447	MAD/EAS	17.50	19.30 (lu, ma, mi, vi)

—— NO HAY VUELOS DIRECTOS SAN SEBASTIÁN / FRANKFURT ——

SAN SEBASTIÁN / BARCELONA / FRANKFURT

YW3473	EAS/BCN	13.40	14.40
LH4743	BCN/FRA	18.40	20.45

SAN SEBASTIÁN / MADRID / FRANKFURT

AO105	EAS/MAD	09.15	10.05
LH 4701	MAD/FRA	12.50	15.20

Códigos de líneas aéreas:
LH= Lufthansa   IB= Iberia
LA= Lan Chile   ZR= Muk Air
AO= Aviaco   YW= Air Nostrum

OS SERÁ ÚTIL...

el (vuelo) de las 7.12h
el (vuelo) de IBERIA

Con el de las...   } va a
Si toma el de las...,   } llegar...

... a la hora.
... demasiado tarde.
... pronto.
... antes de las 12h.
... después de las 13h.
... de día /de noche.

IR + A + INFINITIVO

El día 1...
A las 4h...
El martes...

voy
vas
va   } a {   salir
vamos   llegar
vais   venir
van   ir
                            ...

Ahora haced la reserva. El profesor va a simular que es el empleado de una agencia de viajes.

El hotel

 También tenéis que reservar hotel. Éstos son los que os propone la agencia. ¿Cuál vais a reservar? Escucha la cinta para tener más información.

HOTEL UNIVERSIDAD
* * *

- A un paso de la Ciudad Universitaria y de los centros de negocios.
- A 10 minutos del Paseo de la Castellana.
- 120 habitaciones con aire acondicionado.
- Tranquilo y bien comunicado.
- Sauna y Fitness.

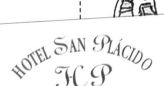

HOTEL SAN PLÁCIDO
HP
* * * *

EN EL CENTRO DE MADRID
Un "cuatro estrellas" muy especial...
• Aire acondicionado • Música • Teléfono
• Caja fuerte • Antena parabólica • Jacuzzi

Plaza de Santa Domingo, 5 - 28013 MADRID
Tel.: 91- 544 88 00 - Fax: 91- 546 79 78

M-30

HOTEL TRAP

• Situación estratégica con relación a: Estación de FF.CC. de Chamartín, Recinto Ferial y Aeropuerto
• Entre la M-30 y la N-II (Carretera de Barcelona)
• Aparcamiento propio

Ahora uno de vosotros llama por teléfono para reservar la habitación del Sr. Berenstain. Otro alumno será el recepcionista.

3 **Un fax para el jefe**
Tenéis también que preparar el texto de un fax para vuestro jefe, explicándole el plan del viaje:

- cómo y cuándo va a viajar   - dónde va a alojarse y por qué

Como es su primer viaje a España, podéis darle algunas recomendaciones o informaciones útiles.

¡QUÉ RAROS SON!

Cuando viajamos siempre descubrimos cosas diferentes, maneras diferentes de ser, de actuar, de comunicarse. Es lo que les pasa al Sr. Blanco y al Sr. Wais.

Julián Blanco es un ejecutivo español que trabaja para una multinacional. Tiene que trabajar a veces con el Sr. Wais, un europeo del norte que trabaja para la misma multinacional. Blanco va a veces al país de Wais y Wais visita de vez en cuando España. A veces Blanco piensa: "qué raros son estos nórdicos". Lo mismo piensa Wais: "qué curiosos son los españoles".

Cuando Blanco va al país de Wais, la empresa le reserva una habitación a 15 km del centro de la ciudad, en un lugar precioso. "En este hotel va a estar muy tranquilo", piensa Wais. "¡Qué lejos del centro!", piensa Blanco, "qué aburrido: ni un bar donde tomar algo o picar unas tapas".

Cuando Wais va a Madrid, siempre tiene una habitación reservada en un hotel muy céntrico, en una calle muy ruidosa, con mucha contaminación. Así, puede salir por ahí por la noche, piensan en la empresa de Blanco.

En las reuniones de trabajo también hay algunos problemas. "Los españoles siempre hablan de negocios en los restaurantes", dice Wais. "Primero, comen mucho y beben vino. Y luego, al final de la comida, empiezan a hablar de trabajo". "En el norte de Europa no se come", explica Blanco a su mujer: "una ensalada, o un sándwich, al mediodía, y nada más... Y luego, por la noche, a las nueve, está todo cerrado..."

Respecto a la forma de trabajar también hay malentendidos: "¿Para qué nos reunimos? Lo llevan todo escrito, todo decidido... Papeles y papeles", dice Blanco.

"Los españoles no preparan las reuniones", piensa Wais. "Hablan mucho y muy deprisa, y todos al mismo tiempo".

"Son un poco aburridos", explica Blanco a sus compañeros de oficina. "Muy responsables y muy serios pero... un poco sosos... Sólo hablan de trabajo..."

"Son muy afectivos, muy simpáticos pero un poco informales", piensa Wais.

¿Quién tiene razón? Seguramente los dos. Cada cultura organiza las relaciones sociales y personales de formas distintas, ni peores ni mejores, simplemente distintas.

Aprender un idioma extranjero significa también conocer una nueva forma de relacionarse, de vivir y de sentir.

1 **¿Cómo piensa un ejecutivo de tu país? ¿Como Wais o como Blanco?**

- respecto al alojamiento
- respecto a las comidas
- respecto al trabajo
- respecto a la comunicación

Vamos a discutir los problemas de una ciudad y establecer prioridades en sus soluciones. Para ello aprenderemos a:

✔ describir, comparar y valorar lugares,
✔ opinar y debatir.

gente de ciudad

1 Cuatro ciudades donde se habla español

¿A qué ciudades crees que corresponden estas informaciones? Hay algunas que pueden referirse a varias ciudades. Márcalo en el cuadro.

	a	b	c	d	e	f	g	h	i	j	k	l	m	n	ñ	o	p
Las Palmas																	
Bogotá																	
Sevilla																	
Buenos Aires																	

a. Tiene unos tres millones de habitantes pero su área metropolitana tiene casi once millones.

b. Es una ciudad con muchas fiestas populares: la Feria de Abril, la Semana Santa...

c. Está en una isla.

d. Es una ciudad con mucha vida nocturna.

e. Tiene unos seis millones y medio de habitantes.

f. Tiene muy buen clima. La temperatura es de unos 20 grados, tanto en invierno como en verano.

g. En verano, hace muchísimo calor.

h. Es una ciudad muy turística.

i. Es la capital de Colombia.

j. Muchos de sus habitantes son de origen español, italiano, inglés, alemán...

k. Está a 2.264 metros sobre el nivel del mar.

l. Su centro es la Plaza de Mayo, donde están la catedral y la Casa Rosada, sede del Gobierno.

m. Es un puerto importante.

n. Hay mucha industria pesquera y tabacalera.

ñ. Su primer recurso económico es el turismo.

o. Es el centro administrativo, cultural y económico de Andalucía.

p. Está en la costa.

Compara tus respuestas con las de tus compañeros.

● A ver qué has puesto tú...
○ Las Palmas C, G...
● ¿G? No, en Las Palmas no hace mucho calor.

① Calidad de vida

Contexto

El Ayuntamiento del lugar donde estamos estudiando español ha elaborado esta encuesta. Quiere conocer la opinión de los ciudadanos sobre la calidad de vida.

Actividades

A Contesta primero individualmente al cuestionario. Luego lee tus respuestas y dale una "nota" global a la ciudad o pueblo (máximo 10, mínimo 0).

B Informa a tus compañeros de tu decisión. Explícales el porqué, refiriéndote a los aspectos positivos o negativos que consideras más importantes.

- Yo le he dado un 4. A mí me parece que no hay suficientes instalaciones deportivas y, además, hay demasiado tráfico... Por otra parte, ...

AYUNTAMIENTO DE...
Área de Urbanismo

Encuesta sobre calidad de vida

	SÍ	NO
TAMAÑO		
¿Cree usted que es una ciudad demasiado grande?	☐	☐
¿O tal vez es un pueblo demasiado pequeño?	☐	☐
TRANSPORTES Y COMUNICACIÓN		
¿Está bien comunicado/a?		
¿Hay mucho tráfico? ¿Hay atascos?	☐	☐
¿Funcionan bien los transportes?	☐	☐
EDUCACIÓN Y SANIDAD		
¿Hay suficientes colegios y guarderías?	☐	☐
¿Tiene suficientes servicios sanitarios (hospitales, ambulatorios...)?	☐	☐
CULTURA Y OCIO		
¿Hay suficientes instalaciones deportivas?	☐	☐
¿Tiene monumentos o museos interesantes?	☐	☐
¿Hay suficiente vida cultural (conciertos, teatros, cines, conferencias...)?	☐	☐
¿Hay ambiente nocturno (discotecas, restaurantes...)?	☐	☐
¿Son bonitos los alrededores?	☐	☐
ECOLOGÍA		
¿Hay mucha contaminación?	☐	☐
¿Tiene zonas verdes (jardines, parques...)?	☐	☐

CLIMA	SÍ	NO	COMERCIO	SÍ	NO
¿Es bueno el clima?	☐	☐	¿Es caro/a?		
¿Hace demasiado frío/calor?	☐	☐	¿Hay suficientes tiendas?	☐	☐
¿Llueve demasiado?	☐	☐			

CARÁCTER	SÍ	NO	PROBLEMAS SOCIALES	SÍ	NO
¿La gente es amable?	☐	☐	¿Se consumen muchas drogas?	☐	☐
¿La gente es participativa?	☐	☐	¿Hay mucha delincuencia?	☐	☐
¿La gente es solidaria?	☐	☐	¿Hay violencia?	☐	☐
			¿Hay grupos discriminados?	☐	☐

Para mí, lo mejor es ....

Lo peor es ....

Yo pienso que falta(n) ....

2 **Dos ciudades para vivir**

Valparaíso (Chile)

Imagina que, por razones de trabajo, tienes que vivir dos años en una de estas dos ciudades. Tu empresa te deja elegir.

Está situada al norte de Santiago de Chile, entre los Andes y el Océano Pacífico. Con 255.286 habitantes y un clima templado, Valparaíso es el segundo centro económico de Chile. Es también uno de los principales puertos del Pacífico sudamericano. Tiene una intensa actividad industrial, universidad y un importante patrimonio cultural.

Su mayor atractivo son los 45 cerros que la rodean: los barrios han crecido sobre las colinas y la arquitectura se ha adaptado al relieve. Sus calles, estrechas y empinadas, con sus 15 pintorescos ascensores, le dan a Valparaíso un encanto especial. Se ha dicho que es un colorido anfiteatro que mira al mar.

Valparaíso ha recibido una gran influencia europea ya que muchos alemanes e ingleses se instalaron en la ciudad en el s. XIX.

Actividades

A ¿Qué es lo más importante para ti en una ciudad? Repasa los conceptos (ecología, clima, etc.) de la encuesta de 1 y establece tus prioridades.

Para mí, lo más importante es _____, y también _____.

B Lee los textos y decide dónde preferirías pasar dos años. Explica a tus compañeros las razones de tu elección.

Cartagena de Indias (Colombia)

Cartagena de Indias, con sus 491.368 habitantes y su clima tropical (temperatura media: 28 grados) es, sin lugar a dudas, la capital turística de Colombia.

Su arquitectura colonial, declarada Patrimonio de la Humanidad en 1985, es una de las más importantes de Latinoamérica.

Por una parte, está la ciudad histórica, con el castillo militar más grande de América. Por otra, las zonas turísticas de Bocagrande y El Laguito junto a las playas, con edificios modernos de apartamentos, restaurantes, casinos, centros comerciales y hoteles.

Por último, están las islas del Rosario, un complejo de islotes con playas coralinas, que forman parte de uno de los parques naturales más importantes de Colombia.

Cartagena se ha convertido en sede de eventos internacionales importantes, como el Festival de Cine, uno de los más importantes de América Latina, y el Festival de Música del Caribe, que reúne cada marzo a lo más representativo de los ritmos caribeños (reggae, salsa, socca, etc.).

El carácter acogedor de su gente es otro de sus atractivos.

❶ Villajuán, Aldehuela y Rocalba

En las oficinas del gobierno regional se han hecho un lío con algunos datos estadísticos sobre estas tres ciudades. ¿Puedes ayudarles?

Aldehuela tiene menos bares que Villajuán.
Rocalba tiene más escuelas que Villajuán.
Aldehuela tiene más escuelas que Villajuán.
Villajuán tiene menos habitantes que Rocalba.
Rocalba y Aldehuela tienen el mismo número de museos.
Rocalba tiene el doble de iglesias que Villajuán.
Rocalba y Aldehuela tienen el mismo número de hospitales.

NOMBRE DEL MUNICIPIO	....	....	....
habitantes	25.312	21.004	18.247
escuelas	8	6	7
cines	4	4	3
museos	3	1	3
iglesias	6	3	4
bares	21	15	12
centros comerciales	2	1	1
hospitales	2	1	2

Ahora vamos a comparar todos los servicios de las tres ciudades. Un alumno compara dos, pero sin decir el nombre de la primera. A ver quién adivina más rápido a qué ciudad se refiere.

- Tiene dos escuelas menos que Rocalba.
○ ¡Villajuán!

- Tiene tantos hospitales como Aldehuela.
○ ¡Rocalba!

❷ Ciudades del mundo

Un alumno dice algo de un lugar (un país, una ciudad, una región, un pueblo) que puedan conocer los compañeros. Los demás intentan adivinar qué lugar es.

- Es una ciudad donde hay muchos rascacielos.
○ ¡Nueva York!
- No. Está en el Océano Pacífico.
■ Los Ángeles...
- ¡Sí!

COMPARAR

Madrid (M): 3.084.673 habitantes
Barcelona (B): 1.681.132 habitantes

M tiene **más** habitantes **que** B.
B tiene **menos** habitantes **que** M.

M es **más** grande **que** B.
B es **más** pequeña **que** M.

más bueno/a ——► mejor
más malo/a ——► peor

INDICAR SUPERIORIDAD

Madrid es **la** ciudad **más** grande de España.

INDICAR IGUALDAD

Luis y Héctor tienen { **la misma** edad. / **el mismo** color de pelo. / **las mismas** ideas. / **los mismos** problemas.

Este piso tiene { **tanto** ruido / **tanta** luz / **tantos** metros / **tantas** habitaciones } **como** el otro.

Barcelona **no** es **tan** grande **como** Madrid.

Son iguales.
No, son parecidos. Éste no es tan pequeño.

ORACIONES DE RELATIVO

Es una ciudad...
en la que / **donde** } se vive muy bien.

que } tiene muchos museos.

ME GUSTARÍA...

Me gusta mucho La Habana.

Me gustaría ir a Lima.
visitar Lima.
conocer Lima.

Me gusta
vivir aquí.

Le gusta vivir cerca del mar.

Me gustaría
vivir cerca
del mar.

Le gustaría vivir cerca del mar.

EXPRESAR OPINIONES

A mí me parece que...

Yo (no) estoy { con Juan.
de acuerdo { contigo.
{ con eso.

A mí me parece
que se vive mejor
en el campo.

Sí,
es verdad.

---

3 **Me gustan las ciudades grandes**

¿Qué clase de ciudades te gustan? Completa estas frases:

A mí me gustan **las ciudades** _____
A mí me gustan **las ciudades en las que** _____
A mí me gustan **las ciudades que** _____
A mí me gustan **las ciudades con/sin** _____

Ahora, entre todos, haced una lista de vuestras preferencias en la pizarra. A partir de vuestras propuestas podemos describir "nuestra ciudad ideal".

4 **¿París, Londres o Roma?**

Elige ciudades para completar las frases.

París   Chicago   Berlín   Moscú

Rabat   Ciudad del Cabo   Lima   La Habana

Teherán   Acapulco   Montecarlo   Amsterdam

Dublín   Hong Kong   Managua   Las Vegas

Helsinki   Ginebra   Viena   Jerusalén

Taipeh   Calcuta   Tokio   Londres

- A mí me gustaría pasar unos días en _____ porque _____
- A mí me gustaría ir de vez en cuando a _____ porque _____
- Yo quiero visitar _____ porque _____
- A mí me gustaría trabajar una temporada en _____ porque _____
- A mí me gustaría vivir en _____ porque _____
- No me gustaría nada tener que ir a _____ porque _____

5 **¿Campo o ciudad?**

Piensa en las ventajas y desventajas de vivir en el campo o en la ciudad. Aquí tienes algunas ideas. Elige una de éstas o formula una opinión tuya. Luego, anota los nombres de los compañeros con los que estás de acuerdo.

- la vida es más dura
- la vida es más cara
- se come mejor
- hay problemas de transporte
- la gente es más cerrada

- necesitas el coche para todo
- tienes menos oferta cultural
- tienes más calidad de vida
- te aburres

- vives de una forma más sana
- te sientes solo
- tienes más relación con los vecinos
- tienes menos intimidad

 ● A mí me parece que en el campo necesitas el coche para todo.

95

❶ Villarreal

Villarreal es una ciudad imaginaria que se parece a algunas pequeñas ciudades españolas. Lee estas informaciones que ha publicado recientemente la prensa local. Tú y tus compañeros vais a tener que tomar decisiones importantes sobre el futuro de la ciudad.

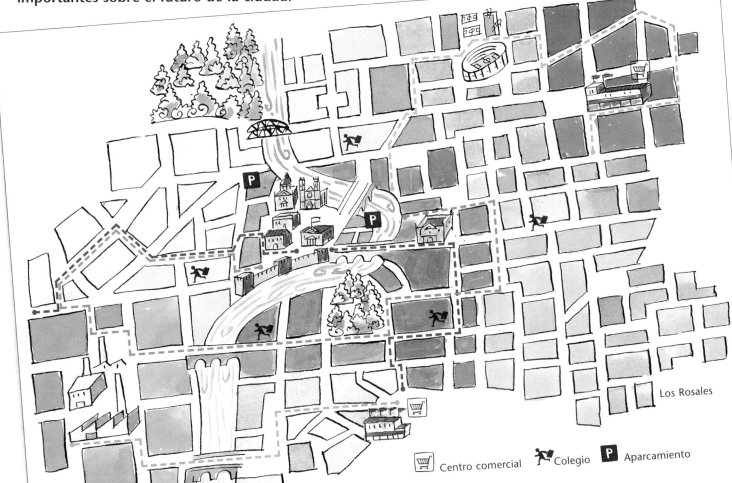

Los Rosales

🛒 Centro comercial   🏃 Colegio   🅿 Aparcamiento

VILLARREAL

Número de habitantes: 45.800
Índice de paro de la población activa:
- hombres 11%,
- mujeres 24%.

TRANSPORTES Y COMUNICACIÓN

- Existen 6 líneas de autobuses. El Barrio de Los Rosales no tiene transporte público.
- En el casco antiguo se producen con frecuencia atascos y graves problemas de aparcamiento, ya que sólo existen 2 aparcamientos públicos con capacidad para 300 coches. Recientemente, el Ayuntamiento ha propuesto crear una zona peatonal alrededor de la Catedral, proyecto que ha sido muy criticado por los comerciantes de la zona.

COMERCIO

- Se han instalado recientemente 2 grandes superficies comerciales. El comercio del centro de la ciudad está en crisis. Un nuevo centro comercial ha solicitado permiso de construcción.

CULTURA Y OCIO

- Hay un sólo museo, el Museo de Historia de la Ciudad.
- Hay 6 cines y 1 teatro. El teatro tiene graves problemas económicos y el edificio está en muy mal estado.

- Instalaciones deportivas: Estadio del Villarreal Fútbol Club, una piscina descubierta municipal y un Polideportivo (baloncesto, tenis y gimnasio).

VIVIENDA

- Hay 1.800 viviendas desocupadas.
- La vivienda (alquiler o compra) representa 1/3 de los ingresos de las familias.

EDUCACIÓN Y SANIDAD

- Hay 3 colegios privados y 2 públicos, 2 guarderías municipales y 3 privadas, y 2 institutos de enseñanza secundaria.

- Hay un Hospital Provincial (200 camas) y 2 clínicas privadas (245 camas).
- Crece el número de toxicómanos. Se estima en la actualidad en unos 130. No hay centro de atención a toxicómanos.
- No hay ninguna residencia de ancianos.
- En el último año, 55 niños de menos de 3 años no han tenido plaza en las guarderías.
- No hay universidad.

ECOLOGÍA Y SEGURIDAD

- En el polígono industrial, hay una fábrica de plásticos que contamina el río. En ella trabajan 260 personas.
- La delincuencia ha aumentado un 22% respecto al año anterior.

Escucha ahora la encuesta radiofónica. Escribid cuáles son los problemas que tiene la ciudad.

1._____ 2._____

3._____ 4._____

5._____ 6._____

Formad grupos de tres y decidid cuáles son los cuatro problemas más urgentes de la ciudad. Después informáis a la clase.

● Nosotros pensamos que los problemas más graves son...

2 Las finanzas de Villarreal

Ahora hay que hacer los presupuestos generales del próximo año.
En grupos, mirad el plano de la ciudad, repasad el informe de la prensa y las notas que habéis tomado con la encuesta.

Disponéis de un presupuesto de 1.000 millones de "villarreales" para invertir en nuevas infraestructuras. ¿Cuánto destináis a cada concepto?

● Vamos a invertir 100 millones en construir una escuela porque pensamos que es urgente.

Un portavoz va a defender los presupuestos de su grupo en una sesión del Ayuntamiento. Los otros podéis criticarlos.

Concepto	Cantidad

3 Cambios en nuestra ciudad

¿Y nuestro pueblo real o nuestra ciudad? ¿Qué cambios necesita? Haced una lista.

¿QUÉ ES UNA CIUDAD?

Calles, plazas, avenidas, paseos y callejones. (Y personas). Luces, anuncios, semáforos, sirenas. (Y personas). Mercados, supermercados, hipermercados. (Y personas). Coches, motos, camiones, bicicletas. Música, cláxones, y voces. (De personas). Perros, gatos y canarios. (Y personas). Policías, maestros, enfermeras, funcionarios, empresarios, vendedores, mecánicos, curas y obreros. (Y personas). Teléfonos, antenas, mensajeros. (Y personas). Periódicos, carteles, neones. Teatros, cines, cabarets. Restaurantes, discotecas, bares, tabernas y chiringuitos. (Y personas). Ventanas, puertas, portales. Entradas y salidas. (Y personas). Ruidos, humos, olores. Hospitales, monumentos, iglesias. Historias, noticias y cuentos. Mendigos, ejecutivos, prostitutas, yonkis y bomberos. Travestis, políticos y banqueros. Prisas, alegrías y sorpresas. Ilusiones, esperanzas y problemas. Áticos y sótanos. Amores y desamores. (De personas). Razas, culturas, idiomas... Y personas.

1 Mira estas fotos. Son de tres ciudades hispanoamericanas: Oaxaca (México), Buenos Aires (Argentina) y Baracoa (Cuba). ¿Cómo crees que son? ¿Con qué elementos de esta lista asocias cada una de ellas?

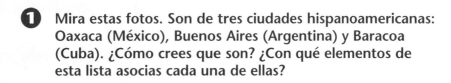

- zona caribeña
- ciudad misteriosa
- playa
- actividad cultural
- isla

- ciudad colonial
- todo tipo
  de espectáculos
- ciudad que
  no duerme

- salas de teatro
  y cines
- enclave
  arqueológico

2 Ahora escucha a tres personas que hablan de estas ciudades. Comprueba si tenías razón. ¿Es lo que tú habías dicho en la actividad 1?

3 Si quieres, puedes explicar a tus compañeros las características de tu ciudad o lugar de origen.

A

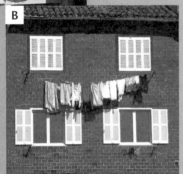

B

C

D

E

F

37 38 39 40

Vamos a visitar a una familia española en su casa. Aprenderemos a:

✔ saludar y despedirnos,
✔ hacer presentaciones,
✔ interesarnos por nuestros amigos y por sus familiares.

gente
en casa

1 **¿Dónde ponemos esto?**

La familia Velasco Flores se ha cambiado de casa. Ahora están sacando sus muebles del camión de mudanzas. Tú y tu compañero tenéis que decidir dónde ponéis algunas cosas. Luego, comparad vuestros resultados con los de otra pareja.

● Esta cama, en la habitación de la niña.
○ Vale, y esta mesilla, ¿dónde?

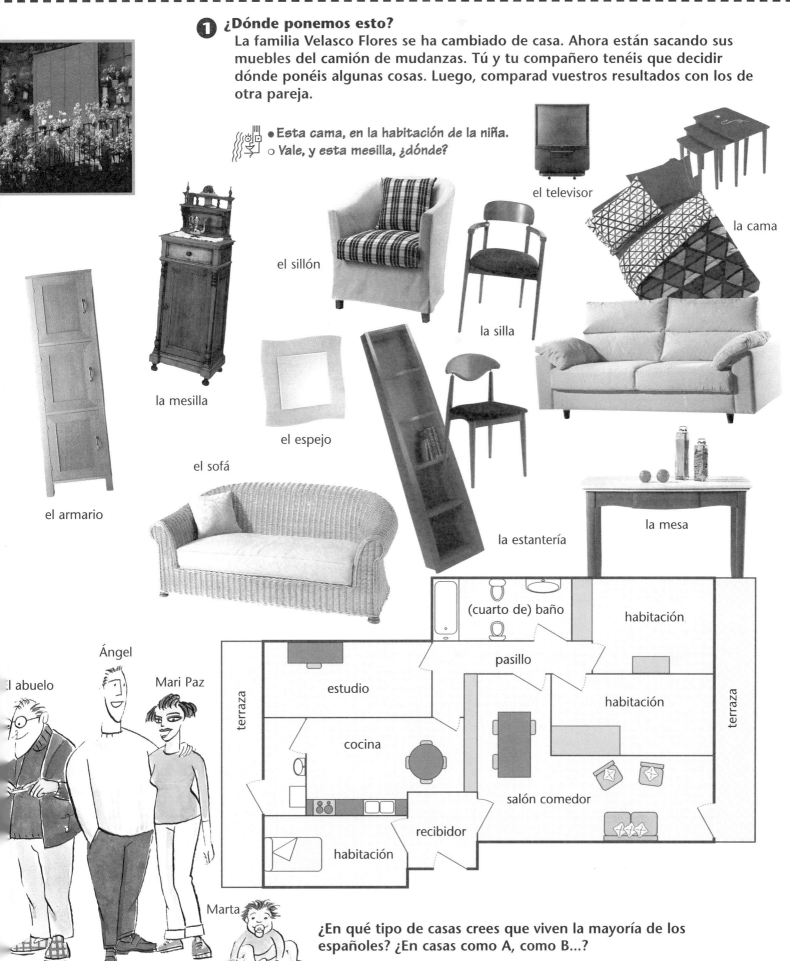

el televisor

la cama

el sillón

la silla

la mesilla

el espejo

el armario

el sofá

la estantería

la mesa

(cuarto de) baño

habitación

pasillo

habitación

estudio

terraza

terraza

cocina

salón comedor

recibidor

habitación

Ángel

Mari Paz

el abuelo

Marta

¿En qué tipo de casas crees que viven la mayoría de los españoles? ¿En casas como A, como B...?

① Una película: de visita en casa de unos amigos

Actividades

A 🤖 ¿Quién habla en cada ocasión? Escribe delante de cada frase la letra inicial del nombre de la persona que la dice.

B Observa qué hacen y qué dicen estos personajes. ¿Qué sería diferente en una situación similar en tu país?

Ángel

Paul

Celia

Mari Paz

Hanna

Germán

Unos extranjeros residentes en España visitan a sus amigos españoles. Éstas son las imágenes de la película. Los diálogos los tienes escritos debajo de cada fotograma.

21:00

_____ Hola, qué tal.
_____ Hola, muy bien, ¿y tú?
_____ Hola, ¿cómo estáis?
_____ ¿Qué tal?

_____ Pasad, pasad.
_____ ¿Por aquí?
_____ Sí, sí, adelante.

_____ Toma, pon esto en el frigorífico.
_____ Si no hacía falta...

_____ Ésta es Celia, una sobrina. Está pasando unos días con nosotros.
_____ Hola, mucho gusto.
_____ Encantada.

_____ Sentaos, sentaos.
_____ ¿Habéis encontrado bien la dirección?
_____ Sí, sí, sin problema. Nos lo has explicado muy bien.
_____ Vivís en un barrio muy agradable.
_____ Sí, es bastante tranquilo.

_____ ¡Qué salón tan bonito!
_____ ¿Os gusta? Venid, que os enseño la casa.

_____ Hola, buenas noches.
_____ Hola, papá. Ven, mira, te presento a Hanna y Paul. Mi padre, que vive con nosotros.
_____ Hola, qué tal.
_____ Mucho gusto.

_____ Bueno, se está haciendo tarde...
_____ Sí, tenemos que irnos...
_____ ¿Ya queréis iros?
_____ Si solo son las once...
_____ Es que mañana tengo que madrugar...

_____ Pues ya sabéis dónde tenéis vuestra casa.
_____ A ver cuándo venís vosotros.
_____ Vale, nos llamamos y quedamos.

2 Piso en alquiler

Amplio piso en zona residencial.
Elegantes vestíbulos y zonas comunes.
Parking y jardín comunitario.

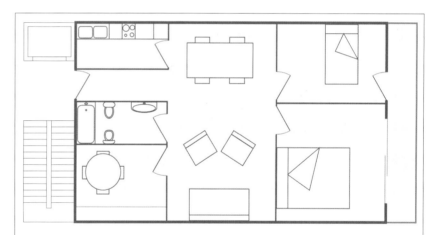

Avda. América-Diputación. 100 m², calefacción, parking opcional. Luminoso, tranquilo y soleado.

Contexto

Una persona ha visto estos anuncios y llama por teléfono para alquilar un piso. Luego lo visita.

Actividades

A Mira los anuncios: ¿en qué se distinguen los dos pisos?

B Escucha la conversación telefónica y di:
- ¿A cuál crees que ha llamado?
- ¿Qué va a hacer? ¿Por qué?

C Escucha la conversación en el piso. ¿Sabes ahora más cosas del piso? ¿Crees que está bien? ¿Por qué?

❶ Direcciones

Vas a oír cuatro conversaciones en las que unos españoles dan sus direcciones. Son cuatro de éstas. ¿Cuáles?

Avda. Isaac Peral, 97

Pº de las Acacias 29, At.

Pl. del Rey Juan Carlos 83, ex. A, entl. 1ª

Av Rey Juan Carlos 83, esc. B, 4º izq.

Pza Cervantes, 13 5ºD

PL DE LAS ACACIAS, 28 4ºB

c/ Cervantes 13, 3º A

c/ Isaac Peral, 97

¿Te has fijado en las abreviaturas? ¿Puedes leer ahora todas las direcciones de la lista?
Luego, si queréis, podéis practicar con dos o tres compañeros. Les preguntáis sus direcciones y las anotáis.

❷ La primera a la derecha

Mira este plano y elige una de las direcciones señaladas del 1 al 10 (sin decir cuál). Tienes que explicar a otro compañero cómo llegar. Él o ella tiene que adivinar qué dirección has elegido. Vamos a imaginar que salimos de la Plaza de España.

Plaza España
▶ *Estamos aquí*

Gran Vía
Calle Fuentes
Avenida de Fernando III
Calle Pelayo
Calle Sevilla
Calle Granada
Calle Tajo
Paseo Quevedo
Calle Miró
Plaza de Oriente

● Sigue por esta calle y toma la segunda a la derecha. Luego todo recto hasta el final.

Ahora, si quieres, explica a tus compañeros cómo ir a tu casa desde la escuela.

❸ ¿Está Alejandro?

Escucha estas conversaciones y completa el cuadro.

	¿Dónde está? ¿Qué está haciendo?	¿Quién le llama?
MARUJA		
ELISABETH		
GUSTAVO		
EL SEÑOR RUEDA		

DIRECCIONES

● ¿Dónde vive/s?
○ En la calle Pelayo, 21, 1º-1ª.

● ¿Me da/s su/tu dirección?
○ (Sí) Calle Duero, 21, 1º-B.

IMPERATIVO

	TOMAR	BEBER	SUBIR
(tú)	toma	bebe	sube
(vosotros/ vosotras)	tomad	bebed	subid
(usted)	tome	beba	suba
(ustedes)	tomen	beban	suban

Con pronombres: siénta**te** siénte**se**
senta**os** siénte**nse**

El Imperativo sirve sobre todo para: ofrecer cosas, dar instrucciones y dar permiso.

INSTRUCCIONES EN LA CIUDAD

Por la Avenida de Goya **hasta** el Paseo Sagasta. **Allí** a la izquierda y **luego**, la tercera a la derecha.

Toma el metro, dirección Plaza de la Estrella y **baja** en Callao, allí **tienes que cambiar** y **coger** la línea 5 hasta Ruiz Jiménez.

ESTAR + *GERUNDIO*

estoy estamos
estás estáis } trabajando
está están

¿Qué estás haciendo? ¿Estás durmiendo?

No, estoy viendo la tele. ¿Y tú?

Yo leyendo.

Gerundio

hablar ⟶ hablando
comer ⟶ comiendo
salir ⟶ saliendo

es bueno para *good*   es malo para *bad*

montar en bicicleta — pierno
ride
montar a caballo

correr   — el corazón

andar

subir escaleras —

bajar escaleras   climb stairs

beber mucha agua — el cuerpo

comer muchos dulces

tomar mucho café

hacer aerobic — la cadera

practicar boxeo —

jugar al golf —

jugar al tenis —

hacer tai-chi —

comer muchas hamburguesas — el corazon
                              y los gluteos

comer muchas verduras —

cantar en el karaoke — garganta

caminar   —

beber cerveza —

hacer flexiones —

PRESENTACIONES

● Mira/e, ésta es Gloria, una amiga.
te/le presento a Gloria.
Mirad/miren, os/les presento
a Jesús.

○ Mucho gusto. / Encantado/a. /
Hola, ¿qué tal?

TÚ/USTED

tú	usted
tienes	tiene
pasa	pase
siéntate	siéntese
tus padres	sus padres
te presento a...	le presento a...

vosotros	ustedes
tenéis	tienen
pasad	pasen
sentaos	siéntense
vuestros padres	sus padres
os presento a...	les presento a...

● ¿Tienes sed?
● ¿Quieres tomar algo?

¿Tiene sed?
¿Quiere tomar algo?

HELADOS REFRESCOS

AL TELÉFONO

● Diga.
¿Sí?

○ ¿Está Carmelo?
¿Carmelo?

● Sí, soy yo.
No está. ¿De parte de quién?
No se puede poner. Está duchándose.
Está hablando por otra línea.
¿Quiere/s dejarle algún recado?

○ Sí, por favor   dile   que he llamado.
                  dígale

④ ¿Tú o usted?

Observa qué tratamiento usan los personajes de estas viñetas y marca en los textos lo que te ha servido para saberlo.

● Mira, Luis, te presento a Ramón Ezquerra, de la oficina central.
○ Hola, ¿qué tal?
■ Encantado.

● Milagros, éste es el Sr. Fanjul.
○ ¿Cómo está usted?
■ Muy bien, ¿y usted?

● Su dirección, por favor.
○ ¿Perdone?
● ¿Dónde vive?
○ Ah...Valencia, 46.

● Perdón, ¿sabe cuál es la calle Vigo?
○ Mire, siga por esta calle y luego, allí en la plaza, a la derecha.

● Coja el teléfono, por favor, Carmela.
○ Sí, señora, voy...

● Abuelo, te presento a Juan, un amigo de la Facultad.
○ Hola, ¿cómo estás?
■ Muy bien, ¿y usted?

La elección entre **tú** o **usted** es muy difícil. Depende de muchos factores. Mira las situaciones de las viñetas anteriores. ¿Por qué elige cada personaje uno de los tratamientos? ¿Qué factores crees que intervienen?
¿Sería igual en tu lengua en estos contextos?

Escucha ahora otras conversaciones y observa si usan **tú** o **usted**. O **vosotros** o **ustedes**, si es plural.

❶ Invitados en casa: una llamada de teléfono

Trabajad en parejas. Vais a hablar por teléfono representando los papeles de las fichas.

ALUMNO A

- Eres un español que se llama Juan Ramón o una española que se llama Elisa.
- Llamas por teléfono a un compañero/a de trabajo extranjero/a que vive en España.
- Le invitas a tu casa con su pareja o algún amigo/a (a comer o a cenar, el sábado o el domingo: lo que mejor les vaya a ellos).
- Le das la dirección y le indicas cómo llegar. Inventa dónde vives y márcalo en el plano.

ALUMNO B

- Recibes una llamada de Juan Ramón o Elisa, que te invita a su casa con tu pareja o un amigo/a.

- Tienes que aceptar su invitación e informarte sobre la hora y el lugar.

- Toma notas y marca en este plano la información que te dará.

OS SERÁ ÚTIL...

Hacer invitaciones:
- *¿Por qué no venís a comer este fin de semana? Así nos conocemos los cuatro.*

- *Mira, te llamaba para invitaros a casa este fin de semana. Así os enseñamos la casa nueva.*

- *Ah, muy bien/estupendo, muchas gracias.*
- *¿Os va bien el sábado?*

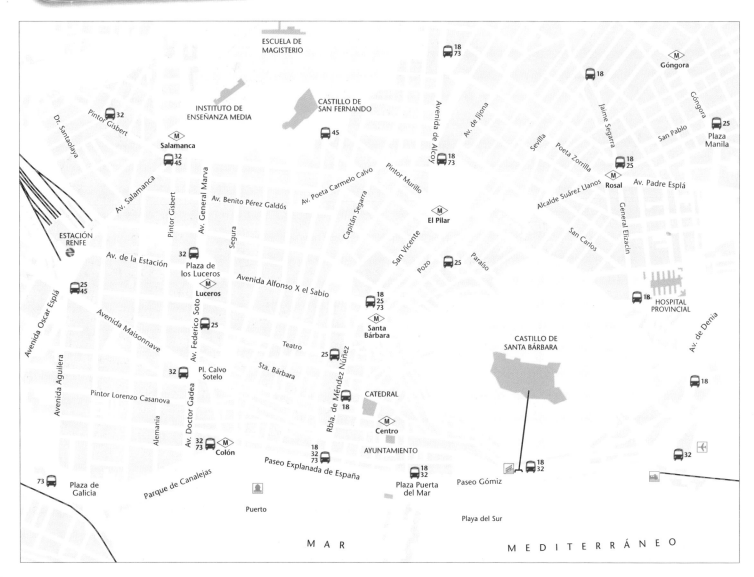

2 **La visita: preparación del guión**

Trabajad en parejas según el papel que representaréis: por un lado, Juan Ramón o Elisa con su pareja. Por otro lado, los dos extranjeros.
¿Qué váis a decir? Ésta es la secuencia aproximada de la visita (podéis incluir otras cosas):

- Llegada y saludos.
- Presentaciones.
- Cumplidos de anfitrión y de huésped (os será útil: ofrecer algo de beber, invitar a sentarse, hacer alusiones a la casa y al barrio...).
- Enseñar la casa (habitación por habitación).
- Despedida.

OS SERÁ ÚTIL...

Ofrecimientos:

Pase, pase, siéntese.

● ¿Queréis tomar algo: una cerveza, un zumo...?
○ Sí, gracias, una cerveza.

Entregar un obsequio:
● Toma, esto es para vosotros.
○ Pero, ¿por qué os habéis molestado?

Cumplidos:
¡Qué piso tan bonito!
¡Qué habitación tan grande!
¡Qué barrio tan tranquilo!

¿Qué tal { tus padres?
tu hija?
tu marido?

Dale/les recuerdos de mi parte.

3 **La visita: a escena**

Cada grupo de cuatro representa la escena por su cuenta, como si fuera un ensayo de una película.
Al final, un grupo voluntario escenifica en público.
El profesor u otro alumno hará de director.

VIVE BIEN.
AGENCIA INMOBILIARIA

Anamari y Felipe trabajan en una agencia inmobiliaria. Su jornada transcurre recibiendo a los clientes, enseñándoles pisos y apartamentos y, de vez en cuando, consiguiendo alquilarles uno. Hay muchos clientes, pero la competencia también es muy grande.

A Felipe no le gusta mucho este trabajo; a Anamari, sí, dice que así se conoce muy bien a la gente.

- Hoy ha venido una pareja joven. Profesionales sin hijos.
- ¿Les has enseñado el piso del Paseo de la Estación?
- Huy: jóvenes y guapos, con dinero... Aspiran a algo mejor.

Felipe, por su parte, ha atendido a un estudiante universitario. Buscaba algo para un grupo de cinco o seis amigos:

- Estos universitarios son una clientela muy buena. Contrato por un año y sin muchas exigencias.
- Sí, pero cuidan poco la casa.
- ¿Poco, dices? Mucho mejor que muchas familias...

Anamari y Felipe casi nunca están de acuerdo.

- Los mejores son los ejecutivos de fuera. Vienen aquí, la empresa les paga, y no miran gastos.
- Sí, pero algunos son muy exigentes. ¿Recuerdas el de ayer?
- Sí, ése que sólo tiene dos hijos y todas las casas le parecen pequeñas.
- Es que necesita espacio para los coches, los perros y el billar...

ALQUILERES

CHALETS UNIFAMILIARES ALTO STANDING

Zona residencial. Superficie de 1.200 m², edificado 600 m². Salón-comedor de 65 m², gran cocina, biblioteca-despacho de 20 m², 8 habitaciones, 3 baños, 2 salones de 50 m² cada uno, garaje para 3 coches y motos, galería-lavadero, bodega, solarium, 3 terrazas. Piscina, jardín, calefacción y aire acondicionado. Excelentes vistas a la sierra.

Zona tranquila. Terreno de 500 m², 230 construidos. Garaje 3 coches, salón con chimenea, cocina office, 4 habitaciones, 2 baños, calefacción. Jardín.

Zona ajardinada. Solar 624 m². Construidos 450 m². Garaje 4 coches, sala de juegos, cuarto de lavado, trastero, salón con chimenea, cocina office, 6 habitaciones, estudio, piscina. Jardín. Preciosas vistas.

CASAS ADOSADAS

Paseo Acacias. Casa adosada 230 m². 4 habitaciones (1 en planta baja), 2 baños y 1 aseo, jardín 20 m², piscina y gimnasio comunitarios, garaje particular.

Paseo de la Estación. Casa adosada 200 m². 3 habitaciones, estudio de 40 m², salón-comedor de 30 m² a dos niveles, 2 baños completos, terraza, parking, amplio trastero. Jardín.

Avda. Constitución. Casa adosada. 180 m², 4 habitaciones, 2 baños y 1 aseo, salón-comedor 25 m², cocina con salida terraza y jardín. Estudio 15 m², solarium, garaje 3 coches, calefacción, vistas al mar, cerca estación FFCC.

PISOS, APARTAMENTOS Y ESTUDIOS

Zona Pza. España. Piso 85 m², salón con chimenea, cocina, 3 habitaciones con armarios empotrados, 1 baño, 1 aseo.

C/ Santa Ana. Piso 3 habitaciones dobles, salón-comedor, 4 balcones, suelo de parquet y terrazo. Exterior y soleado. Céntrico.

Zona Reyes Católicos. Piso 70 m², comedor, cocina, 2 habitaciones exteriores, 1 baño y 1 aseo. Calefacción. Piscina y jardín comunitarios. Tranquilo y soleado.

Casco antiguo. Estudio totalmente renovado. 40 m². Ascensor. Exterior, con terraza y balcón. Tranquilo.

---

1 ¿Quién crees que va a elegir cada una de estas viviendas?

2 Vas a ir a vivir a Barcelona. Un amigo te recomienda estos pisos. ¿Te gustan? ¿Qué cosas necesitas y cuáles no?

MARINA PARK 2

VIVA EN LA CIUDAD FRENTE AL MAR Y JUNTO A EXTENSAS ZONAS VERDES.

MARINA PARK 2 ES UN EDIFICIO DE VIVIENDAS SITUADO EN UNA ZONA PRIVILEGIADA DE LA CIUDAD, CON UNAS VISTAS EXCEPCIONALES, PARA QUE USTED Y SU FAMILIA DISFRUTEN DE UNA CALIDAD DE VIDA INMEJORABLE. SITUADA FRENTE AL PULMÓN NATURAL DE LA CIUDAD, EL MAR, Y RODEADA DE EXTENSAS ZONAS VERDES Y DE RECREO, MARINA PARK 2 ES EL LUGAR IDEAL PARA VIVIR CON SU FAMILIA.

3-4 DORMITORIOS + TRASTERO
CALEFACCIÓN INDIVIDUAL A GAS
PUERTA DE ACCESO A LA VIVIENDA BLINDADA
COCINA EQUIPADA CON MUEBLES ALTOS Y BAJOS
HORNO ELÉCTRICO Y CAMPANA EXTRACTORA
MICROONDAS
VÍDEO-PORTERO
ANTENA PARABÓLICA
JUNTO AL PUERTO OLÍMPICO
PARKING EN EL MISMO EDIFICIO

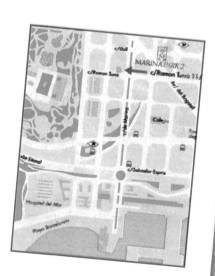

41 42 43 44

Vamos a escribir la biografía de una persona de nuestro país. Aprenderemos a:

✔ referirnos a datos biográficos e históricos,
✔ situar los acontecimientos en el tiempo,
✔ indicar las circunstancias en que se produjeron.

gente e
historias

1 Fechas importantes

¿Puedes relacionar cada titular con su fecha correspondiente? Luego, compara tus respuestas con las de otros compañeros.

9/11/89
15/12/55
21/7/69
11/9/73
12/10/68
22/11/75
9/12/80
4/2/45
24/1/73
19/8/91
21/4/56

- Yo creo que la caída del muro de Berlín fue en el noventa y uno.
- ¡Noooo! Fue en el ochenta y nueve.
- Es verdad, fue en noviembre del ochenta y nueve.
- Sí, el día nueve de noviembre de mil novecientos ochenta y nueve. Lo recuerdo perfectamente.

CAÍDA DEL MURO DE BERLÍN

Coronación de Juan Carlos I

Inauguración de los Juegos Olímpicos de México

Golpe de estado contra Allende en Chile

Ingreso de España en la ONU

GOLPE DE ESTADO EN LA UNIÓN SOVIÉTICA CONTRA M. GORBACHOV

ASESINATO DE JOHN LENNON

ACUERDOS DE PARÍS: RETIRADA DE EE.UU. DE VIETNAM

Conferencia de Yalta entre Stalin, Roosevelt y Churchill

Éxito de Elvis Presley: **número 1 en las listas**

Llegada del Apolo XI a la luna

2 ¿Y en tu país?

¿Hay alguna fecha especialmente importante en tu ciudad, en tu país?

❶ 1953, 1978, 1995: diarios de adolescentes españoles

Estos diarios pertenecen a las personas de las fotos. Los escribieron en su adolescencia, en los años 1953, 1978 y 1995. En cada diario tenemos el mes y el día, pero no el año.

Javier Burgos de la Fuente. Jubilado, nacido en 1935.

Javier en 1953, año al que corresponde su diario.

María Luisa Guzmán Ferrer. Ama de casa, nacida en 1961.

María Luisa en 1978, año del diario.

Juan Mora Sánchez. Ingeniero Técnico de Telecomunicaciones, nacido en 1977.

Juan a los 18 años, en 1995.

Actividades

¿Qué foto corresponde a cada diario? ¿Por qué? Discútelo con un compañero.

• Yo creo que el diario B es el de Javier.

• No... "Encuentros de la tercera fase" no es de los años 50...

A

Domingo, 4 de octubre de 19 _____.

Hoy he ido con Cecilia al cine, y hemos visto "Cantando bajo la lluvia". Es una película musical muy bonita, nos ha gustado mucho. Al salir hemos visto a Anita, estaba con Jaime. También estaban con ellos Gerardo y Esperanza.

En el NO-DO han hablado de la firma de un acuerdo entre Franco y los Estados Unidos; esto puede ser el primer paso para la entrada de España en la ONU. También han hablado de fútbol, ha llegado a España el futbolista argentino Alfredo Di Stefano, para jugar en el Real Madrid.

Después del cine hemos ido a dar un paseo con Anita y Jaime. En el parque no había nadie, hacía mucho frío. Hemos entrado en una cafetería y hemos tomado un chocolate con churros.

B

Domingo, 3 de diciembre de 19 ___.

Ayer comí con Fernando y luego fuimos al cine, a la primera sesión. Vimos "Encuentros en la tercera fase". A él no le gustó mucho, a mí me encantó. Al salir, fuimos al Corte Inglés, que aún estaba abierto, y compramos un disco de Police para Marta, que hoy es su cumpleaños y le gustan mucho. Después, fuimos a cenar a casa de Fernando. Sus padres estaban viendo en la tele el Informe Semanal; había un reportaje muy interesante sobre el primer vuelo del Concorde, y otro sobre Louise Brown, el primer bebé probeta. El último fue sobre la nueva Constitución y el referéndum de la semana que viene. Fernando y su padre se pusieron a discutir de política, como siempre. Esta tarde he ido a la fiesta de cumpleaños de Marta; mi regalo le ha gustado mucho. Tienen una casa muy bonita y muy grande, en una urbanización de las afueras; estaba todo preparado en el jardín, pero como hacía frío, la fiesta ha sido en el interior. Lo hemos pasado muy bien.

C

Domingo, 7 de mayo de _____

Ayer fuimos al cine con Fermín y Carmina y vimos "Forrest Gump". Esta tarde he ido a ver "Balas sobre Broadway" de W. Allen, que es mucho mejor. Lo que no entiendo es cómo le han dado tantos Oscars a "Forrest Gump". A la salida del cine me he encontrado con una manifestación por Sarajevo. Me he unido a la marcha. Hemos bajado por el Paseo de Miramar, y luego por la Avenida Príncipes de España. Cuando hemos llegado a la Plaza de España, ya era de noche; allí ha terminado la manifestación con un minuto de silencio. Me he encontrado con Mariluz y Juanjo, que también estaban en la manifestación. Hemos ido a tomar una cerveza; en el bar tenían la tele puesta y daban los resultados de las elecciones en Francia. Ha ganado Chirac. También han dicho en las noticias que este verano va a venir a España Prince, en una gira que organiza por toda Europa.

❷ Tiempos pasados

Actividades

Hemos leído unos textos escritos con tres formas verbales distintas para hablar del pasado. Son éstas: el Pretérito Perfecto (que ya conocemos), el Indefinido y el Imperfecto.

Una de estas formas se usa con el adverbio <u>ayer</u>, otra con el adverbio <u>hoy</u> y otra con cualquiera de los dos. ¿Sabes a qué tiempo verbal corresponde cada adverbio? Escríbelo debajo de cada columna.

Ahora ya los podemos identificar. Su uso lo aprenderemos progresivamente.

Perfecto	Indefinido	Imperfecto
he ido	comí	estaba
hemos visto	fuimos	había
nos ha gustado	le gustó	hacía
han hablado	me encantó	era
ha llegado	vimos	tenían
hemos entrado	se pusieron	daban

1 Años importantes en la vida de nuestro grupo
Rellena con tus compañeros el cuadro de abajo, con las fechas importantes de vuestra vida.

- Yo empecé mis estudios en 1990.
- Yo conocí a mi novio en 1993.
- Yo me casé en 1982.
- En 1989 nació mi hija pequeña.

- entré en la universidad
- terminé mis estudios
- empecé a | trabajar / estudiar

- me fui a vivir a...
- conocí a mi actual | novio/a / marido / mujer
- me casé

- nació | mi primer hijo / mi hija Luisa / mi hija pequeña
- me divorcié
- me jubilé

1975	hijo de Eva 13 de julio						Diana 8 de enero

2 Recuerdos en la radio

Javier Burgos habla de sus recuerdos. Toma notas de lo que dice y del año en que sucedió.

3 ¿Cómo era la vida en tu infancia?
Haz una lista de las cosas que no existían cuando tú eras niño.
Después, coméntalo con tus compañeros.

- Cuando yo era niño no había teléfonos móviles.
- Cuando yo era niña, tampoco.

En	las casas las ciudades en los pueblos las escuelas	no (sí)	había _____, teníamos	por eso...

EL PRETÉRITO INDEFINIDO

Verbos regulares:

TERMINAR	CONOCER, VIVIR
terminé	conocí
terminaste	conociste
terminó	conoció
terminamos	conocimos
terminasteis	conocisteis
terminaron	conocieron

Verbos irregulares:

SER/IR	TENER	ESTAR
fui	tuve	estuve
fuiste	tuviste	estuviste
fue	tuvo	estuvo
fuimos	tuvimos	estuvimos
fuisteis	tuvisteis	estuvisteis
fueron	tuvieron	estuvieron

EL PRETÉRITO IMPERFECTO

Verbos regulares:

ESTAR	TENER, VIVIR
estaba	tenía
estabas	tenías
estaba	tenía
estábamos	teníamos
estabais	teníais
estaban	tenían

Verbos irregulares:

SER	IR
era	iba
eras	ibas
era	iba
éramos	íbamos
erais	ibais
eran	iban

FECHAS

¿Cuándo
¿En qué año } nació?
¿Qué día } se fue?

Nació } en 1987/en el 87.
Se fue } en junio.
} el día 6 de junio de 1987.

CONTRASTE DE USOS

Indefinido: *información presentada como acontecimientos, con estos marcadores:*

Ayer
Anteayer
Anoche
El otro día
El lunes/martes... } fui a Madrid.
El día 6...
La semana pasada
El mes pasado
El año pasado

Perfecto: *información presentada como acontecimientos, con estos marcadores:*

Hoy
Esta mañana
Esta semana } he ido a Madrid.
Este mes
Este año

Imperfecto: *información presentada como circunstancias.*

Iba a Madrid y tuve un accidente.

Imperfecto: *contraste* **ahora/antes:**

Ahora
Actualmente } todo el mundo **tiene** tele.

Antes
Cuando yo era niño, } no **teníamos** tele.
Entonces
En esa época

RELACIONAR ACONTECIMIENTOS

No llevaba } **Por eso** }
llaves. } **Así que** } no pudo entrar.

Luego
Después } llamó a los vecinos.
Entonces

❹ **A las 7.45 ha salido**

 Valerio Luzán ha hecho esta mañana estas cosas. Un detective privado le sigue y toma notas de sus movimientos.

7.45: Sale de su casa. Vuelve a entrar.
8.05: Sube a su piso. No puede entrar.
8.07: Llama al timbre de los vecinos.
Sale otra vez a la calle.
8.40: Un coche con una mujer para a su lado. Él sube.
9.10: Baja en la Pza. de España. Sigue a pie.
9.30: Entra en un edificio de oficinas.

Escribe tú ahora el informe del detective usando el Pretérito Perfecto.

 A las 7.45 ha salido de casa. Luego...

Ahora escucha lo que explica Valerio a las 9.45h a sus colegas. ¿Puedes completar el relato con estas circunstancias y con marcadores?

llovía mucho	no había ni un taxi	pasaba por allí
no tenía las llaves	había mucho tráfico	no llevaba paraguas

❶ Historias personales de españoles

¿Cuál puede ser la historia de los personajes de las imágenes? En grupos de tres: cada grupo elige un personaje y construye su historia.

¿Cómo? Con la ayuda de las frases de las listas A, B, C, D y E: busca y elige las que quieras. También puedes modificarlas a tu gusto.

Cuando la historia esté terminada, un alumno de cada grupo la lee en voz alta. El resto de la clase escucha y tiene que adivinar a qué persona corresponde.

A

Nació en 1915, en Zaragoza, de padres anarquistas.
•
Nació en 1920, en Bilbao.
•
Nació en 1917, en Alcalá de Guadaira, en la provincia de Sevilla.
•
Nació hace 85 años, en Corcubión, un pueblecito gallego cerca de Finisterre, en una familia de pescadores.
•
Sus padres eran campesinos muy pobres.
•
Su familia pertenecía a la burguesía industrial de la ciudad.

B

De niño/a no fue a la escuela.
•
De niño/a tuvo una vida muy fácil.
•
Se educó en la escuela libertaria Natura, en el Pirineo aragonés.
•
Estudió bachillerato en uno de los mejores colegios de la ciudad.

C

A los 18 años entró en el cuerpo de funcionarios de Correos.
•
Cuando estalló la guerra civil, en el 36, se alistó voluntario/a en las milicias de la república.
•
A los 24 años terminó la carrera de Historia en la Universidad, pero nunca ha trabajado.
•
No se casó, pero desde 1935 vive con su actual compañero/a.
•
A los 26 años se casó.
•
Con la llegada de la democracia formó un grupo ecologista libertario.

D

En aquellos años no había suficientes alimentos ni medicinas.
•
Entonces muy pocas mujeres iban a la universidad.
•
Entonces no había libertad de asociación política ni sindical.
•
En el país ya había más libertad para expresar las opiniones políticas.
•
En el campo no había trabajo para todos.

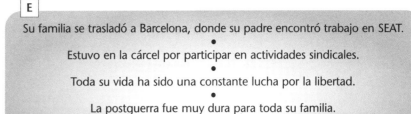

E

Su familia se trasladó a Barcelona, donde su padre encontró trabajo en SEAT.
•
Estuvo en la cárcel por participar en actividades sindicales.
•
Toda su vida ha sido una constante lucha por la libertad.
•
La postguerra fue muy dura para toda su familia.
•
Vivió una temporada en París, donde conoció a su marido/mujer.
•
Nunca ha participado en actividades de tipo político.

Podemos completar las biografías con este apartado:
"Hemos hablado con él/ella y nos ha dicho que recuerda
especialmente estos acontecimientos, que vivió con
intenso interés..."

F

El bombardeo de Hiroshima (1945).
•
El ingreso de España en la ONU (1955).
•
El premio Nobel de Literatura a J. R. Jiménez (1956).
•
La independencia de Argelia (1962).
•
El mayo francés de 1968.
•
La boda de Jacqueline Kennedy con A. Onassis (1968).
•
La Revolución de los Claveles en Portugal (1974).
•
La muerte de Franco (1975).
•
La legalización del Partido Comunista de España después
de la muerte de Franco (1977).
•
El Referéndum de la Constitución de 1978.
•
El asesinato de J. Lennon (1980).
•
La huelga de Solidaridad en los astilleros de Gdansk, en Polonia (1980).
•
El intento de golpe de estado de Tejero (1981).

OS SERÁ ÚTIL...

a los... años
cuando tenía... años
al terminar la guerra

de niño/niña/joven/mayor

Desde 1986 **hasta** 1990
vivió en París.
Vivió en París cuatro años.

● Eso fue en los años 40.
○ No, fue mucho después,
   hacia los 60.

Fue **el** año **en el que...**
Fue **la** época **en la que...**

❷ Un personaje conocido nuestro

Ahora vamos a escribir la historia de una persona que conocemos. Formad grupos según vuestras preferencias:

- un personaje público conocido internacionalmente,
- una persona anónima que pueda ser representativa de la gente de vuestro país o ciudad,
- una persona de vuestro círculo de conocidos (colegio, escuela, empresa...).

¿Cómo trabajamos? Las listas del ejercicio anterior nos sirven de guía: ponemos los datos, las fechas, los acontecimientos y las circunstancias adecuados a nuestro personaje.

Al final, cada grupo presenta a la clase a su nuevo personaje.

117

EXTRAÑOS EN LA NOCHE

Son las doce de la noche. *Noticias en Radio Nacional de España.* El murmullo de la radio acompaña (...) como una banda sonora, el recuerdo de las noches de mi infancia. (...) Yo la escuchaba mientras cenaba o, mientras me dormía, desde la cama e imaginaba cómo serían los países y las ciudades desde los que llegaban aquellas voces que cada noche venían a acompañarme. Pensaba que aquellas voces no eran reales, o por lo menos no como la mía, pues siempre decían lo mismo y sonaban casi iguales, pero a mí eso, entonces, no me importaba. Lo que me importaba a mí era saber cómo sería Madrid, o París, o el Vaticano, cuya emisora mi padre conectaba algunas noches para escuchar al Papa, y, sobre todo, aquel extraño país que se llamaba *el Principado de Andorra* y que yo imaginaba tan irreal como la voz de su locutora porque, aparte de sonar a país de cuento, ni siquiera venía en el mapa. Y en esos pensamientos iban pasando las noches, todas iguales y repetidas, todas igual de monótonas que las voces de la radio.

Una noche, sin embargo, una noticia vino a romper la rutina de la radio y de mi casa. Recuerdo aún que estábamos cenando. De repente, la música se interrumpió y una voz grave anunció escuetamente, tras la correspondiente señal de alarma, que el presidente de los Estados Unidos había sido asesinado. (...)

Yo no sabía lo que pasaba. Sabía que era algo grave por el tono de voz de los locutores y por la seriedad y el miedo de mis padres, pero no comprendía qué tenía que ver el presidente de los Estados Unidos con ellos ni por qué les preocupaba tanto (casi tanto como la muerte del abuelo, que había sucedido meses antes) lo que acabara de pasar en un país que, como el Principado de Andorra, imaginaba que tampoco vendría siquiera en el mapa. (...)

Al día siguiente, en la escuela, descubrí con sorpresa que nadie sabía nada: ni quién era Kennedy, ni en qué país gobernaba, ni lo que le había pasado. Y, sobre todo, lo más sorprendente, que a nadie le importaba nada. (...)

(Recuerdo que) su nombre quedó impreso en mi memoria, y unido para siempre al de la radio, porque fue gracias a él como yo supe que aquellas voces que hasta aquel día creía irreales porque siempre decían lo mismo y sonaban casi igual eran voces de personas que existían realmente, (...) igual que también lo eran los países de que hablaban, aunque algunos, como Andorra, ni siquiera figuraran en el mapa. Es decir: que, mientras yo vivía en Olleros rodeado de minas y de montañas, había gente que vivía, trabajaba y moría, como nosotros, en otros muchos lugares.

J. Llamazares, *Escenas de cine mudo*

1 ¿Qué edad crees que tiene el protagonista en el momento de publicarse la novela *Escenas de cine mudo*?
¿Cómo te lo imaginas en el momento que relata: edad, aspecto físico, ropa que lleva, habitación donde está...?

2 Un cuento muy breve.
Léelo.

El dinosaurio

—•—

Cuando despertó, el dinosaurio todavía estaba allí.

A. Monterroso,
El Eclipse y otros cuentos